PLAN DE BA

POUR SE RÉ

Aujourd'hui (et non demain), j'arrête de procrastiner !

Monique Richter

« Résiste ! » est une collection des Éditions First.

ISBN : 978-2-7540-7254-0
Dépôt légal : avril 2015
Imprimé en France par NRI s.a.s. (1501041)

Direction éditoriale : Marie-Anne Jost-Kotik
Édition : Charlène Guinoiseau
Relecture : Lisa Marie
Couverture : Hokus Pokus
Mise en page : Sophie Boscardin
Production : Emmanuelle Clément

Éditions First, un département d'Édi8
12 avenue d'Italie
75013 Paris – France
Tél. : 01 44 16 09 00
Fax : 01 44 16 09 01
E-mail : firstinfo@efirst.com
Internet : www.editionsfirst.fr

Sommaire

Introduction

« La procrastination n'est pas seulement une curieuse aberration humaine, où les gens ne poursuivent pas leurs intérêts d'une manière efficace et productive. Elle représente un réel dysfonctionnement de capacités humaines qui sont importantes, sinon essentielles, pour faire face aux multiples tâches, majeures ou mineures, qui s'accumulent tous les jours sur nos bureaux, dans nos agendas, dans nos esprits... Quand nous procrastinons, nous perdons du temps, nous manquons des opportunités et nous ne vivons pas une vie authentique… »

Norman A. Milgram, professeur de psychologie à l'Université de Tel-Aviv

Pratiquez-vous l'art de la procrastination, avec l'impression de faire du sur-place, de tourner autour du pot, de ne pas avancer, de ne pas réussir ? Y a-t-il des domaines de votre vie où vous vous sentez insatisfait ?

Les études démontrent que nous sommes très nombreux à reporter à plus tard certaines tâches importantes pour nous dans des délais excessifs et déraisonnables. Les origines de la procrastination trouvent leur source dans la structure fondamentale de notre cerveau, elles sont partiellement génétiques, partiellement liées à notre environnement, et elles se retrouvent dans toutes les cultures du monde et à travers l'Histoire.

Aujourd'hui, dans notre environnement dit moderne, la procrastination est devenue une calamité.

Le phénomène mérite d'être pris au sérieux, car il touche l'une de nos ressources les plus précieuses mais malheureusement limitée : le temps, compteur de la vie propre à tout un chacun. À force de repousser les choses, on s'enlise dans une habitude négative et on peut vite devenir l'otage de cette attitude. Il faut profiter du moment présent et de la vie pour agir comme on le souhaite vraiment !

Vous voici donc face à un choix : agir et prendre de nouvelles habitudes ou continuer à procrastiner. Rassurez-vous, avec de la motivation, il est vraiment possible de changer !

Nourrir le loup

Un vieil Indien Cherokee enseigne la vie à son petit-fils.

« Il y a un conflit qui se déroule en moi, dit-il au garçon. C'est un combat terrible entre deux loups. L'un est mauvais, il n'est que colère, envie, tristesse, regret, avidité, arrogance, paresse, cupidité, culpabilité, ressentiment, mensonge, faux orgueil, sentiment de supériorité et ego. Et puis, il y a l'autre loup : celui-ci est bon, il n'est que joie, paix, amour, espoir, sérénité, humilité, bonté, bienveillance, empathie, générosité, vérité, compassion et foi. Ce combat terrible se passe aussi en toi, et à l'intérieur de chaque homme. »

Le petit-fils réfléchit un instant, puis demande : « Mais grand-père, lequel des deux loups va gagner ? »

Le vieux Cherokee lui répond alors : « Celui que tu nourris. »

Comme illustré dans ce conte, chaque être humain possède en lui deux parts distinctes : une qui procrastine, se décharge, se laisse distraire, stagne et déçoit ; et l'autre, son contraire, une partie active qui agit, risque, apprend, accomplit, réalise. Laquelle sera la plus forte ? Celle que vous nourrirez !

En partant de mes propres procrastinations et stratégies gagnantes, je me suis laissée inspirer par celles de mon entourage, ainsi que par la multitude d'études et d'écrits sur le sujet. Le résultat est ce livre, que j'ai voulu accessible, dédramatisant et pragmatique. Il rassemble une large mise en perspective d'informations, d'idées, de conseils et d'exercices à découvrir et à expérimenter pour nourrir votre part active.

Mais attention, chers lecteurs, pour réussir à changer vos habitudes d'inertie, sachez que la lecture seule de ce livre ne suffit pas. Ce changement est un chemin qui prend du temps et qui demande toute votre implication et votre *action*. Il n'est pas facile de changer. Votre réussite dépendra de VOS choix, vos efforts et votre assiduité. Elle est de votre responsabilité et de votre ressort. Elle représente un réel défi, mais lorsque vous êtes prêt (et je suppose que c'est le cas si vous lisez ceci), elle devient possible. L'élément le plus important pour votre réussite est votre volonté à « jouer le jeu », littéralement.

Car au-delà de votre compréhension des principes et propos de ce livre, le jeu consiste ici à adopter une nouvelle manière de penser et de fonctionner qui vous apportera plus de bien-être dans votre vie.

Au fil de votre lecture, laissez-vous attirer et séduire par une idée, un exercice ou une suggestion, puis jouez le jeu. Intégrez cette notion dans votre quotidien et observez ce qui change, ce que cela apporte de nouveau et de positif dans votre vie. Si votre observation n'est pas concluante, choisissez une autre piste et testez-la à son tour. Bien sûr, sentez-vous libre d'adapter les exercices à votre goût et vos besoins, ou d'en combiner plusieurs. Dès que le résultat d'une action ou d'une idée vous satisfait, pratiquez-la régulièrement, jusqu'à créer une nouvelle habitude, un automatisme, qui ne vous coûtera plus autant d'efforts et vous apportera plus de sérénité à long terme. Ainsi, vous vous réaliserez.

Ce sont les pensées et les actions que vous mettez en place chaque jour, semaine après semaine, qui feront une différence avec le temps. Rappelez-vous : votre demain est fait de l'accumulation des petites choses que vous mettez en place aujourd'hui.

On y va !

☒ Régulièrement, quand je dois faire une chose, j'en fais une autre.

❑ J'ai du mal à démarrer une activité si je n'en retire aucun intérêt ou aucun plaisir.

❑ J'évite de faire mon travail si je ne sais pas comment avancer.

☒ Pour me rassurer, je me trouve des raisons de faire autre chose que ce que j'ai à faire.

☒ J'ai établi une liste de choses à faire, mais je ne sais pas par où commencer.

☒ J'ai des difficultés à me concentrer sur ce que je suis en train de faire et mon esprit divague facilement vers autre chose.

❑ J'oublie régulièrement de m'occuper de choses qui sont pourtant importantes pour moi.

Comment analyser vos résultats ?

Comptez le nombre de cases que vous avez cochées et reportez-vous au profil correspondant.

Si vous avez coché entre 0 et 4 propositions :

vous avez le profil du procrastinateur potentiel.

Vous êtes du genre à tout faire, même les tâches ennuyeuses, car remettre à plus tard aurait de trop lourdes conséquences pour vous. Focalisé sur vos objectifs et les moyens concrets pour les atteindre, vous organisez, priorisez, planifiez et commencez une activité dès que possible, pour aller jusqu'au bout. Vos factures sont acquittées en temps et en heure, votre maison est propre et bien entretenue, vos dossiers professionnels sont à jour et vos réunions préparées. L'action vous rassure et vous évite d'éprouver des sentiments de culpabilité.

Mais peut-être avez-vous des difficultés à vous arrêter tant que tout n'est pas fini ? Comment réagissez-vous en cas de retard ? Ressentez-vous de la déception, de la frustration, de l'impatience ? À être partout, à vouloir tout faire et tout finir de manière parfaite, attention à la pression que vous pouvez vous mettre et qui peut vous mener au burn out. Envisagez de pratiquer le lâcher-prise et la procrastination utile.

Si vous avez coché entre 5 et 12 propositions :

vous avez le profil du procrastinateur intermédiaire.

Vous avez tendance à remettre à plus tard, notamment quand les tâches vous déplaisent ou quand vous rencontrez une difficulté ou un obstacle. Vous procrastinez, un peu ou plus, possiblement sans en être vraiment conscient.

Êtes-vous ce que John Perry, professeur émérite à Stanford et auteur de *The Art of Procrastination – La procrastination : L'art de reporter au lendemain*, appelle « un procrastinateur structuré » ? C'est-à-dire quelqu'un qui accomplit beaucoup de choses, mais pas forcément dans le bon ordre (par ordre de réelle urgence et d'importance) ? Ce type de procrastination est celui des grands perfectionnistes, presque toujours condamnés à être insatisfaits et déçus par leurs propres performances tant leurs aspirations sont grandes. Elle touche prioritairement certaines professions intellectuelles, comme les universitaires ou les écrivains professionnels.

Peut-être faites-vous l'expérience d'une inertie qui vous immobilise, même physiquement, devant certaines tâches ? La procrastination est principalement une affaire d'émotions. Cherchez-vous à garder le contrôle de votre liberté ? Vous voulez sans doute pouvoir décider vous-même du moment approprié pour faire une tâche plutôt que de la faire dans un délai imposé. Ou ressentez-vous un état émotionnel désagréable (peur, anxiété, dépression) qui vous freine et vous empêche de franchir l'étape du premier pas ? Et qu'en est-il de votre niveau d'exigence ? À choisir entre rien et médiocre, vous pensez qu'il vaut mieux attendre ?

Quelles que soient les raisons de votre procrastination, si vous attendez d'être vraiment au pied du mur, dans l'état d'urgence, vous vous exposez à un niveau de stress important. Certains adeptes de la procrastination diront que ce stress est excitant, qu'il fait passer à l'action (enfin) et permet de donner le meilleur de soi-même. Cependant, il ne faut pas confondre rapidité d'exécution et travail de qualité. En effet, notre efficacité est de courte durée et diminue très vite sous l'effet du stress. Les hormones secrétées par le corps pour répondre à ce stress atteignent rapidement des doses toxiques pour l'organisme. Il est donc vital de limiter la durée du stress généré par la procrastination et de se mettre en action et en conscience, au plus tôt.

Si vous avez coché 13 propositions ou plus :

vous avez le portrait du procrastinateur expert.

Vous reportez systématiquement vos obligations et engagements sans réellement savoir ni comment, ni pourquoi. Votre inertie vous soumet en permanence au stress de l'urgence, aux pensées négatives sur vous-même et à la culpabilité de ne pas faire ce qui est bon pour vous ou ce que vous devriez faire. La pression augmente au fur et à mesure que les échéances approchent, et les conséquences sont néfastes. C'est plus fort que vous, il s'agit d'un « blocage mental » qui provoque chez vous un sentiment de fatalité et entraîne des échecs à répétition.

Heureusement, il y a de l'espoir. Dans 99 % des cas, vous n'avez pas toujours été ainsi et votre procrastination est un comportement qui s'est installé. Même chronique, la procrastination est un processus qui peut être changé. Le premier pas est de prendre conscience des situations qui sont angoissantes et qui vous empêchent d'agir. Une fois que vous comprenez le nœud de votre inertie, vous vous sentirez davantage capable d'agir et d'expérimenter des processus différents (un à la fois). Ce livre vous en propose un certain nombre à tester seul ou avec un compagnon.

Vous pouvez également envisager de rencontrer un professionnel spécialisé, car parfois la procrastination peut être rattachée à d'autres problèmes et souffrances plus profondes.

LA PROCRASTINATION EN 360°

La procrastination, késako ?

Du latin *pro* (qui signifie « en avant », « à la faveur de ») et *crastinus* (qui signifie « du lendemain »), le terme « procrastination » désigne le penchant à différer, à remettre à plus tard ce que l'on devrait faire tout de suite. En cas de procrastination, le délai est généralement excessive et entraîne des émotions intenses : sentiments de culpabilité, d'anxiété, de frustration ou de dévalorisation.

Ce phénomène touche aujourd'hui au moins 95 % de la population mondiale, à des niveaux divers et variés. Les études démontrent que quasiment tout le monde remet à plus tard certaines tâches dans des délais inconvenables et irresponsables, et que chacun a une façon très personnelle de le faire et de le vivre. Dans notre société actuelle, où les distractions sont nombreuses, il est facile de se laisser dévier d'un travail à faire, surtout si ce travail est ennuyeux ou qu'il demande un effort intellectuel intense.

À bas les préjugés !

La procrastination n'est pas de la fainéantise. Celui qui la pratique veut agir et il y parvient, mais généralement avec une dose importante de lutte et de conflit. En fait, beaucoup de tâches remises à plus tard sont considérées comme désagréables, répétitives, ennuyeuses et sont perçues comme difficiles à réaliser. Du coup, nous préférons faire autre chose et éviter ces tâches qui nous rebutent. En 1995 déjà, le Dr John Perry avait déclaré qu'un procrastinateur ne fait rarement rien du tout. Selon lui, les procrastinateurs seraient en réalité plus productifs et créatifs. Malgré les apparences, ils seraient organisés ou plutôt, selon son vocabulaire, « structurés », car ils évitent de faire une activité mais se tournent tout de même vers autre chose. Les chercheurs ont donc compris que la procrastination était moins une affaire de gestion de temps que de gestion d'émotions.

Mais attention, attendre le dernier moment pour travailler dans l'urgence ne veut pas forcément dire procrastiner ! En effet, certaines personnes ont besoin du stress de l'urgence pour être actives et efficaces. Et cela ne pose pas de problème, du moment que le planning est respecté et que les objectifs fixés sont atteints.

Et bien sûr, dans le cas où sous sommes dépendants d'autres personnes pour réaliser une tâche et qu'il nous faut les attendre, nous sommes en manque d'autonomie, et non pas en manque de motivation.

☞ Il existe une autre forme d'inertie, appelée « apathie », qu'il ne faut pas confondre avec la procrastination. L'apathie est un symptôme de troubles psychologiques ou neuropsychiatriques, qui nécessite l'accompagnement par un professionnel de la santé.

La procrastination utile

La procrastination peut incarner une forme de réflexion, un temps de « gestation » nécessaire à la réalisation de certaines tâches, particulièrement celles qui exigent beaucoup d'efforts et d'énergie. Sous pression, nous sommes moins productifs. D'autres activités peuvent alors nous permettre d'augmenter notre créativité. Rappelez-vous que se concentrer trop intensément sur un sujet ne permet pas de le résoudre. En réalité, cela ne fait qu'étouffer notre créativité. Pour la favoriser pendant la période de procrastination utile, faites des choses en lien avec la tâche à réaliser : renseignez-vous sur le sujet, réfléchissez-y, parlez-en à d'autres personnes...

La procrastination peut également être utile si elle nous fait remettre à plus tard des petits travaux secondaires au profit d'une tâche primordiale. Pour faire simple, selon Paul Graham (le cofondateur de « Y Combinator », un nouveau type d'incubateur d'entreprise ayant notamment financé plus de 450 start-up comme Dropbox, Airbnb, Stripe ou encore Reddit), la majorité des choses que l'on remet à plus tard sont dénuées d'importance. Sur le moment, il est difficile de savoir ce qui est le plus important, mais il y a toute une série de tâches qui peuvent aisément être mises de côté : se raser, faire la lessive, faire le ménage, répondre à des emails... De son point de vue, les personnes sachant remettre ces petites tâches à plus tard sont généralement celles qui réussissent le mieux.

Dans notre société actuelle, entre stimulations diverses, surcharge de responsabilités et surcroît de travail, la procrastination peut parfois répondre au besoin d'appuyer sur le frein et de s'occuper de soi, plutôt que de s'efforcer à répondre aux exigences extérieures. **Pendant cette pause, il est important de ne pas se mettre la pression et de s'autoriser à se faire du bien sans culpabiliser.**

Procrastinez aujourd'hui et paniquez plus tard…

En 2010, les Éditions Anabet ont élu le 25 mars « Journée mondiale de la procrastination ». David d'Equainville, le fondateur, affirmait : « La procrastination, c'est une défense immunitaire face à une société extrêmement rude, un moyen positif de se défendre des assauts du monde contemporain. »

Alors, que faire le 25 mars ?

Célébrez cette journée en reportant à demain tout ce qui vous embête ! Ça vous embêtera toujours autant demain, mais au moins le 25 mars aura été une belle journée. En revanche, ne remettez surtout pas au 26 mars le fait de vous détendre, de vous amuser ou de dire à vos proches combien vous les aimez !

Un cercle vicieux

La procrastination problématique est celle qui s'installe petit à petit, souvent inconsciemment, dans notre façon de penser, de ressentir et d'agir.

Dans un premier temps, une tâche est reportée car nous estimons que nous ne sommes pas dans le bon état d'esprit pour la réaliser dans l'instant. Il peut s'agir de n'importe quelle tâche, mais en général il s'agit d'une activité estimée peu motivante. Nous nous accordons un délai en pensant que notre humeur sera meilleure par la suite et donc plus propice pour enfin remplir cette obligation. Malheureusement, ce n'est pas si simple. Car quand nous remettons nos obligations à plus tard, nous avons tendance à devenir anxieux, coupables et même honteux. Ces trois sentiments nous empêchent d'avoir l'énergie émotionnelle et cognitive nécessaires pour être productifs. Résultat : nous sommes encore moins motivés pour réaliser notre activité initiale, ce qui va nous rendre encore plus anxieux, coupables et honteux, et donc encore moins productifs. Le cercle vicieux est en marche.

Le scénario catastrophe

La procrastination suit souvent le même schéma, avec des étapes bien définies. Voyez en détails comment cela peut se passer :

➜ Vous avez quelque chose à faire, qui a un intérêt certain pour vous, mais qui ne vous fait pas forcément très envie. Au début, vous avez beaucoup de temps, l'échéance est loin, pas de rush. Vous reportez une première fois...

➜ Dans les jours qui suivent, vous faites quelques tentatives pour vous y mettre, mais vous ne vous engagez pas réellement. Il vous arrive même d'oublier que vous avez ce travail à faire.

➜ Puis, le jour arrive où vous avez vraiment l'intention de vous y mettre, mais ce travail est devenu quelque chose que vous n'avez vraiment pas envie de faire. Vous n'arrivez pas à prendre la main. À chaque tentative, quelque chose survient et vous distrait, vous éloignant ainsi du travail à faire. Vous vous en voulez, mais vous trouvez des excuses.

➜ Vous continuez à repousser la tâche à une date ultérieure où vous pensez avoir plus de temps, plus d'heures disponibles d'affilée, seulement pour constater que chaque journée n'a que 24h et que chaque soir, le temps a filé à toute vitesse. Ceci perdure quelque temps.

➜ Jusqu'à ce que vous preniez conscience que les heures, auparavant passées à ne pas faire grande chose, deviennent de plus en plus précieuses et rares. La pression rend le démarrage difficile. Vous voulez vous dédier à ce travail important, mais à la place vous passez du temps sur des tâches secondaires. Une partie de vous sait que ce n'est pas ce que vous êtes censé faire, mais vous vous dites que vous soignez votre préparation. Secrètement, vous vous en voulez et vous doutez de vous-même. Et plus votre culpabilité grandit, plus vous avez besoin d'intensifier les divertissements pour être pleinement distrait.

➜ Cette énergie monte jusqu'au déclic du point de non-retour. Vous commencez à travailler, enfin. Il n'y a plus de temps à perdre, vous êtes au top de votre efficacité. Vous produisez, vous prenez des décisions impitoyables et vous avancez à toute vitesse. Vous progressez mais vous avez perdu votre liberté. En mettant les bouchées doubles, en travaillant dans l'urgence, vous vous fatiguez, vous finissez par faire la tâche sous l'effet du stress et à contrecœur (voire par l'abandonner). Quel que soit le résultat, il représente une version réduite et limitée de vous-même.

➜ Dans tous les cas, vous vous sentez coupable et vous jurez de ne plus jamais procrastiner, mais...

➜ À la première occasion, vous retombez malgré vous dans les mêmes travers.

Ce type de situation vous parle ?

La grenouille qui ne savait pas qu'elle était cuite

Des expériences scientifiques menées au XIXe siècle démontrent que si l'on plonge subitement une grenouille dans de l'eau chaude, elle s'échappe du récipient d'un bond. Au contraire, si on la plonge dans l'eau froide et qu'on porte très progressivement l'eau à ébullition, la grenouille s'engourdit ou s'habitue à la température, et finit donc ébouillantée.

Cette métaphore est très parlante. Lorsqu'un changement négatif s'effectue de manière suffisamment lente, il échappe à la conscience et ne suscite la plupart du temps pas de réaction, pas d'opposition, pas de révolte, au point de mettre sa propre vie en péril. Petit à petit, à force de répéter un comportement procrastinateur, un cercle vicieux s'installe et nous conduit à ne pas réagir face à une situation grave pour nous. Il est alors grand temps de procéder à l'éveil des consciences !

Et vous, êtes-vous doucement en train de cuire dans un bain d'inertie de plus en plus chaud ?

20 exemples de procrastination

1. Terminer un devoir tard dans la nuit.

2. Payer ses factures en retard.

3. Reporter un rendez-vous médical.

4. Se faire une tasse de thé.

5. Regarder la télé.

6. Tailler son crayon.

7. Classer ses chaussettes par code couleur.

8. Passer une demi-heure à chercher son stylo favori.

9. Puis passer 10 minutes à essayer de faire fonctionner son stylo favori.

10. Trouver la façon la plus difficile de faire quelque chose.

11. Sauter d'une idée à une autre, à une autre, à une autre...

12. Vérifier ses emails.

13. Regarder par la fenêtre.

14. Fumer une cigarette.

15. Ranger son bureau.

16. Réarranger ses meubles.

17. Jouer aux jeux vidéo.

18. Arroser les plantes.

19. Se faire pousser la moustache.

20. Faire 20 choses à la fois et n'en finir aucune.

Que disent les statistiques ?

Au moins 95 % d'entre nous avouent tergiverser de temps en temps et environ 20 % admettent le faire de manière chronique et problématique. Dans le domaine professionnel, la procrastination touche tous types de métiers et d'activités, bien qu'un peu plus les écrivains et les étudiants. Je confirme qu'écrire est difficile et que l'envie de procrastiner peut être forte !

Selon les statistiques, ceux qui souffrent de procrastination ont des niveaux de stress plus élevés et se sentent moins détendus. Ils sont moins performants, en moins bonne santé et épargnent moins. Ils sont plus souvent au chômage et célibataires, davantage séparés que divorcés. À quelques exceptions près, les personnes qui procrastinent ont moins confiance en leurs capacités et sont donc moins optimistes. L'engagement peut leur poser un souci, elles sont généralement plus sujettes à l'impulsivité et sont moins patientes.

Les personnes atteintes de « Troubles du déficit attentionnel » (ou ADHD) sont particulièrement touchées par la procrastination. Elles présentent un déficit de concentration, souvent associé à une hyperactivité : elles ont toujours trop de choses en tête, trop de choses à faire.

L'âge joue aussi un rôle, puisqu'il semblerait que plus on vieillit, moins on procrastine, (comme si la prise de conscience du temps qui passe nous faisait mieux agir).

À travers l'Histoire

La procrastination existe depuis la nuit des temps. Saviez-vous que Léonard de Vinci (1452-1519) était un procrastinateur chronique ? Ce génie à l'esprit universel, à la fois artiste, scientifique, inventeur et bien d'autres choses encore, n'a jamais pris le temps de publier ses travaux, qui sont restés dans ses carnets de notes et de dessins. Il a aussi mis un temps invraisemblable à terminer certains de ses chefs-d'œuvre. Par exemple, il lui fallut 15 ans pour peindre *La Joconde*, et plus de 20 ans pour compléter *La Vierge et le Rocher*, un tableau sur commande qui aurait dû être livré en 7 mois ! Pas étonnant qu'à son époque il fût considéré comme un homme distrait et étourdi, dont on ne devait pas attendre grande chose. On dit même qu'il se serait excusé sur son lit de mort auprès de Dieu et des hommes d'avoir laissé tant de choses inachevées...

Quel coût pour la procrastination au travail ?

Un sondage effectué par deux entreprises américaines (America Online et Salary.com) sur les habitudes de travail de plus de 10 000 personnes révèle qu'un Américain procrastine et perd environ 2 heures sur 8 heures de travail par jour (cela représente 25 %). Et comme il n'y a aucune raison de croire que ce chiffre soit très différent en France, avec le montant total des salaires versés par les entreprises françaises, nous pourrions estimer le coût de la procrastination au travail ! Je ne connais pas ce montant, mais si vous en avez une idée, je serai ravie de vous lire sur contact@latoutdebabel.com.

Quid de la planète Terre ?

Et quel sera le prix de notre procrastination, par chacun à notre niveau, de l'individu aux entreprises, nations et gouvernements, face aux problèmes sociaux, économiques, climatiques et écologiques ?

Soyons comme des colibris

Pour ne pas sombrer dans le pessimisme et l'impuissance, voici une autre histoire amérindienne.

Un jour, dit la légende, il y eut un immense incendie de forêt. Tous les animaux, terrifiés et atterrés, observaient impuissants le désastre. Seul le petit colibri s'activait, allant chercher quelques gouttes d'eau avec son bec pour les jeter sur le feu. Après un moment, l'éléphant, agacé par cette agitation jugée dérisoire, lui dit : « Colibri ! Tu n'es pas fou ? Ce n'est pas avec ces gouttes d'eau que tu vas éteindre le feu ! »

Et le colibri lui répondit : « Je le sais, mais je fais ma part. »

Et vous, que décidez-vous de faire ?

Les domaines de vie concernés

La procrastination est capable de porter atteinte à tous les aspects de notre vie. Pour certaines personnes, elle est devenue une véritable habitude, mais la plupart ne procrastinent que dans quelques domaines de vie.

Que vous soyez systématiquement en retard sur votre déclaration d'impôts ou le règlement de vos factures, que vous reportiez *ad vitam aeternam* cette visite chez le dentiste ou que vous remettiez à plus tard une demande d'augmentation de salaire, découvrez les 12 principaux domaines de vie impactés par la procrastination (par ordre d'importance, selon l'étude effectuée par Piers Steel) :

1. **La santé** (sport, diète, traitements de maladies, prises de rendez-vous).

2. **La carrière** (travail, employabilité, gagner sa vie).

3. **L'éducation** (école, études, obtenir de bonnes notes, des diplômes).

4. **La communauté** (volontariat, activités politiques, engagements civils).

5. **La romance** (amour, sexe, mariage).

6. **Les finances** (décisions en lien avec l'argent).

7. **Le domaine personnel** (développement personnel, attitude, comportement).

8. **Les amis** (interactions avec des proches, rencontres).

9. **La famille** (interactions avec ses parents, frères et sœurs).

10. **Les loisirs** (hobbies, activités sportives, récréation).

11. **La spiritualité** (religion, philosophie, sens de la vie).

12. **La parentalité** (interactions avec ses enfants).

Faites l'inventaire de votre procrastination

Pour savoir où vous en êtes, répondez aux questions suivantes à l'aide de la grille ci-après :

1. Aujourd'hui, quel est votre niveau de satisfaction dans les différents domaines de vie ?

Remplissez chaque domaine : 0 = insatisfaction totale et 10 = satisfaction complète.

2. Quel est votre niveau de satisfaction idéal dans ces domaines ?

Utilisez une couleur différente pour remplir les parties du camembert.

3. Puis, demandez-vous pour chaque écart entre niveau de satisfaction présent et niveau de satisfaction idéal :

➜ Comment travailler pour atteindre ce niveau de satisfaction ?

➜ Que dois-je mettre en œuvre pour passer, par exemple, de 5 à 6 ?

➜ Qu'ai-je besoin d'apprendre, de développer, de faire pour être plus satisfait ?

➜ Sur quels talents et ressources internes puis-je m'appuyer ?

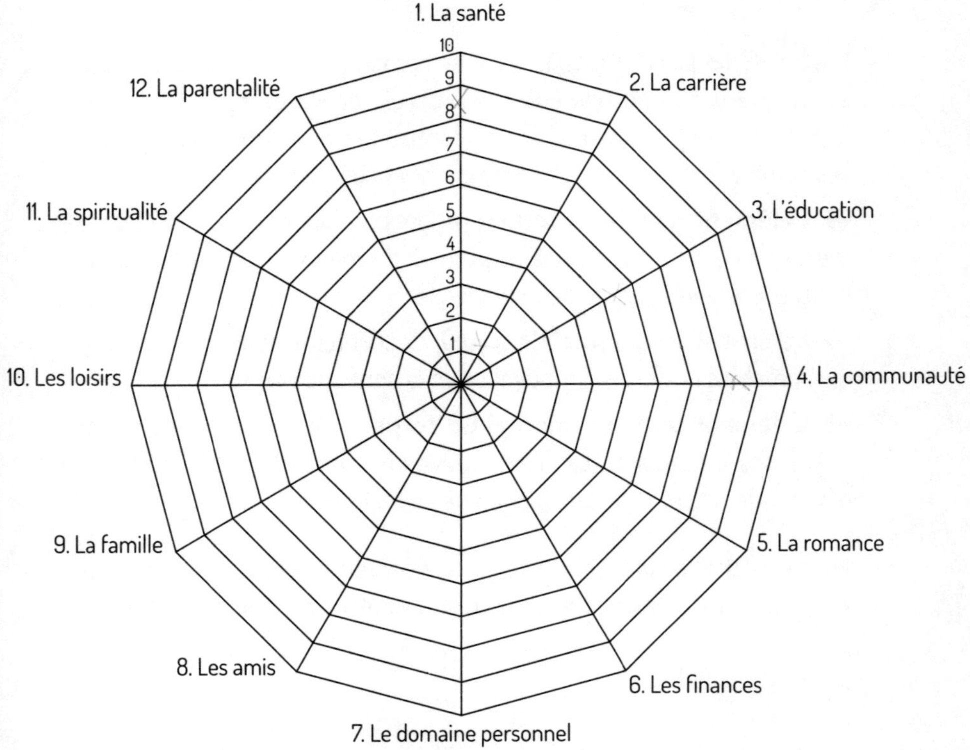
1. La santé
2. La carrière
3. L'éducation
4. La communauté
5. La romance
6. Les finances
7. Le domaine personnel
8. Les amis
9. La famille
10. Les loisirs
11. La spiritualité
12. La parentalité
10
9
8
7
6
5
4
3
2
1

Les 3 éléments de la procrastination

L'art de la procrastination se compose de nombreuses facettes, et chaque personne possède ses propres façons de procrastiner. Mais quoi qu'il en soit, la procrastination comporte trois éléments directement liés et interactifs, qu'il est possible d'influencer, d'ajuster, de changer :

→ **L'élément cognitif (la tête) :** prendre conscience et appréhender ses mécanismes de procrastination permet de mieux se comprendre et de cultiver positivement sa façon de penser ;

→ **L'élément émotionnel (le cœur) :** s'accepter et apaiser ses émotions désagréables renforce la motivation et la confiance en soi ;

→ **L'élément comportemental (le corps) :** donner une direction précise à ses intentions, tester de nouveaux comportements et changer d'habitudes apporte la satisfaction de se réaliser petit à petit.

Vous êtes prêt à cultiver votre tête, apaiser votre cœur et donner corps à vos intentions ? J'ai parcouru des pistes et testé des chemins pour vous !

JE CULTIVE
MA TÊTE

Ma tête est semblable à un jardin,
où mes pensées seraient des graines.
Je peux cultiver l'amour, comme je peux cultiver la haine…

Accepter son addiction aux retards

La procrastination n'est pas une faiblesse, c'est un processus ancré dans notre cerveau, une mauvaise habitude que nous avons prise. Et cette habitude peut être changée !

Pour cela, il est important de ne pas vous juger et de ne pas être en lutte avec vous-même. Acceptez que procrastiner soit un comportement courant et normal, et observez plutôt comment vous vous y prenez.

- ➜ Qu'est-ce qui tend à vous distraire ?
- ➜ Comment procrastinez-vous ?
- ➜ Que faites-vous en lieu de procrastination ?
- ➜ Quelles sont les choses que vous reportez systématiquement à plus tard ?

Faites l'inventaire de vos manières de procrastiner, et affichez-le dans votre lieu de travail ou de vie.

Ce que je fais n'est pas qui je suis.
Le résultat de mes actes n'est pas mon identité.

STOP !

Au milieu des différentes pressions, routines et situations de notre vie active, il n'est pas facile ni évident de rester vraiment conscient. Nous avons vite fait de nous laisser submerger, entraîner, dominer par ce qui nous entoure et ce qui nous stimule. Au lieu d'être « en action », nous sommes « en mode réaction ». Inconsciemment, ce que nous faisons (ou ne faisons pas) spontanément a seulement pour but d'éviter des émotions désagréables ou d'améliorer des émotions agréables, ici et maintenant.

Prendre conscience de son propre fonctionnement est le premier pas vers le changement ; c'est ce qui permet de situer le point de départ. Comparons cela à un voyage (le changement) ; il est nécessaire, avant de choisir son mode de transport et de réserver un billet (les moyens de changer), de connaître sa ville de départ (situation actuelle) et sa ville d'arrivée (objectif à définir).

Utilisez votre tendance à procrastiner comme un moyen de devenir observateur de vous-même pour mieux vous comprendre et vous connaître. Prendre conscience consiste à déplacer l'activité cérébrale de la partie limbique (émotionnelle) vers la partie néocortex (raisonnée), et de créer ainsi une distance, un espace pour ajouter de la réflexion à l'émotion.

W. Timothy Gallwey, mondialement reconnu comme le père du coaching et auteur à succès de la série « Le Jeu intérieur », nous livre un outil simple et pratique pour interrompre le pilote automatique, gagner en conscience, prendre de la hauteur et faire des choix mesurés. Il s'agit du STOP[1].

S – S'arrêter (*Step back*)

Cessez de faire ce que vous faites quand les choses ne sont pas fluides. Arrêtez-vous un moment, prenez du recul, faites une pause, et posez-vous les bonnes questions (paragraphe suivant).

T – Tester (*Think*)

➜ Qu'est-ce que j'essaie d'accomplir ?
➜ Quel est mon but ?
➜ Quel est mon programme et d'où vient-il ?
➜ Quelles en sont les conséquences probables ?
➜ Le problème que je traite est-il le vrai problème ?
➜ Qu'est-ce que je veux vraiment ?
➜ Quels sont les enjeux ?
➜ Est-ce que j'apprécie ce travail ?
➜ Me permet-il de m'épanouir ?
➜ Quel est le point de vue d'autres personnes clés ?
➜ Quelles sont mes hypothèses, mes suppositions ?
➜ Quelle est globalement mon attitude ?

1. W. Timothy Gallwey – www.theinnergame.com/the-stop-tool/

O - Organiser (*Organize*)

➜ Mes actions sont-elles en phase avec ma direction ?
➜ Quelle est ma priorité ici ?
➜ Quelles sont les ressources possibles dont je ne me sers pas actuellement ?
➜ Que puis-je changer ? Mon objectif, ma direction, mon approche ?
➜ Quelles sont les variables ?
➜ Qu'est-ce qui manque ?

P – Procéder (*Proceed*)

Remettez-vous au travail en ayant en tête ce que vous voulez accomplir, le chemin le plus direct et ce que vous allez « gagner » par ce travail. Observez. Qu'est-ce qui change ? Comment vous sentez-vous maintenant ?

Vivre sa vie pleinement, c'est un choix, VOTRE choix. Les choses qui comptent vraiment sont celles qui vous apportent de l'énergie, de la joie, du bonheur ou de l'amour. Choisissez consciemment, choisissez sagement, choisissez honnêtement. **Bref, choisissez le bonheur !**

20 raisons de vaincre la procrastination

1. Avoir la paix de cœur et d'esprit.

2. Repousser ses limites pour satisfaire ses ambitions.

3. Avoir une sensation de force et de finalité.

4. Avoir l'impression d'être pilote de sa vie.

5. Se sentir compétent, efficace et capable.

6. Se libérer du fardeau de tâches importantes (et ennuyeuses) à faire.

7. Gagner en joie de vivre à long terme.

8. Être plein d'énergie.

9. Se sentir ancré dans le réel.

10. Avoir un esprit sain dans un corps sain.

11. Respecter ses rendez-vous et engagements.

12. Pouvoir passer à autre chose.

13. Montrer que je peux le faire et gagner en confiance en soi.

14. Éviter les pénalités de retard.

15. Être fier d'une tâche accomplie (avant même la date butoir).

16. Pouvoir dire à ma femme/à mon mari que j'ai terminé.

17. Montrer à mes clients que je suis proactif.

18. Dégager du temps pour faire autre chose (de plus plaisant).

19. Avancer sur l'essentiel (même petit à petit).

20. Se donner les moyens de réaliser ses rêves.

EXEMPLE 1 : SE METTRE AU TRAVAIL

Mettez rapidement sur papier les raisons pour lesquelles il serait bien de vous y mettre. Vous pouvez vous inspirer de la liste ci-dessus, mais l'important est surtout d'identifier vos raisons PERSONNELLES (et non celles de vos amis, de vos parents ou d'autres proches).

De plus, regardez les raisons à court terme (être moins stressé avant un examen) et à long terme (devenir plus compétent professionnellement).

Affichez cette liste à l'endroit où vous travaillez et revenez-y à chaque fois que vous êtes tenté de repousser une tâche.

EXEMPLE 2 : FAIRE ATTENTION À SON POIDS

Mettez rapidement sur papier les raisons pour lesquelles il serait bien de rester vigilant. Affichez cette liste sur votre frigidaire ou votre placard de provisions (éventuellement avec une photo ou une image de votre physique idéal). Regardez cette liste à chaque fois que vous envisagez de craquer et tenez bon !

Faire ou ne pas faire, telle est la question

Finalement, il y a 2 options :

➜ Ne rien faire et rester dans la situation actuelle connue. Les regards déçus des personnes qui comptent sur vous, et ceux que vous voyez dans le miroir, nourrissent votre culpabilité et votre manque d'estime personnelle, et risquent de vous paralyser ;

➜ Décider que c'est le moment pour vous de vous en sortir, que c'est possible de faire du sport 2 à 3 fois par semaine, d'augmenter ses revenus, de réussir ses études, d'être fier du travail accompli et de retrouver sa liberté d'action (et d'arrêter de perdre du temps sur des tâches futiles).

Que décidez-vous ?

« Essayer, c'est risquer l'échec. Risquer est une nécessité. Seul celui qui ose risquer est vraiment libre. »

Paulo Coelho

Être dans la zone

Quand nous faisons quelque chose dont nous avons l'habitude, nous sommes dans ce que l'on appelle la **zone de confort**. Or, dans cette zone, nous faisons ce que nous savons déjà faire, donc rien ne change dans notre vie et nous n'apprenons rien de nouveau. Bien entendu, dans certaines situations cela ne pose pas de problème, notamment quand le résultat de nos actes nous satisfait. Mais dans le cas où nous souhaitons un résultat différent, nous devons agir autrement, c'est-à-dire sortir de notre zone de confort pour rentrer dans la **zone de stretch** (ou zone de progression). Il convient alors de mesurer ses efforts pour ne pas tomber dans la **zone de stress**, où nous nous ferons du mal et où nos efforts ne nous seront pas bénéfiques car l'objectif est hors d'atteinte (du moins pour le moment).

Savez-vous reconnaître ces zones au quotidien ?

Voir la vie en rose

Savez-vous apprécier les bonnes petites choses de la vie ? Il existe de nombreuses sources d'inspiration tout autour de nous. Mais souvent, nous ne les remarquons pas, trop occupés par toutes sortes de choses qui nous préoccupent et absorbent notre énergie. De manière générale, lorsque vous vous ouvrez à votre environnement, l'effet sur votre humeur est positif. Pour celui qui veut bien le voir, le monde est merveilleux !

Observez ce qui vous entoure et prenez acte de vos interactions positives avec les autres. Notez aussi les attentions des autres entre eux. Pensez à votre comportement au quotidien à l'égard de vos proches, de vos amis et de vos collègues, et à leur comportement à votre égard. On a trop vite fait de tenir tout cela pour acquis et d'oublier la valeur de chaque geste. Même la moindre petite attention d'une personne envers une autre a son importance.

Regardez en conscience quelque chose de beau autour de vous, admirez cette beauté, ouvrez votre cœur et colorez vos pensées. C'est cela observer le miracle de la beauté, le sentir au plus profond de vous-même, devenir un avec lui et l'aimer. C'est cela la vie.

La vie peut être si belle si nous apprenons à aimer le monde qui nous entoure. Tout est là pour animer nos vies.

« Si la matière grise était plus rose,
le monde aurait moins les idées noires. »

Pierre Dac

Et si vous dressiez la liste de ces choses qui vous inspirent et qui vous passionnent ?

Avoir une telle liste vous permettra à tout moment de vous connecter à ces choses, quelles qu'elles soient, pour amener vos pensées et émotions dans un état positif de ressource et mobiliser beaucoup d'énergie. Imaginez pouvoir faire cela dans un moment difficile ou douloureux...

Prenez un temps au calme pour dresser la liste des actions, personnes, films, musiques, lectures, arts, idées, courants qui vous inspirent de la passion. Pas besoin de grandiose, d'outrance, soyez dans votre réalité.

Ainsi, quand vous êtes en manque d'énergie, regardez un film qui vous motive et vous inspire, écoutez une musique qui vous donne envie de bouger et de chanter ou des enregistrements de relaxation pour élever votre esprit. Faites ce que vous aimez !

➜ **Suite possible** : rejoignez un groupe de personnes, dynamiques et optimistes, qui partagent votre passion.

➜ **Et du côté pro** : envisagez de faire un bilan de compétences ou un test de personnalité professionnel pour construire votre carrière en phase avec vos passions, votre mode de fonctionnement, votre personnalité, le marché du travail et vos compétences.

Ma liste agréable

♥ Mes activités préférées

♥ Mes livres/films/musiques anti-coup de blues

♥ Mes objets fétiches

♥ Mon dimanche idéal

Dressez votre *bucket list*

Un des plus grands regrets formulés par des personnes en fin de vie est de ne pas avoir accompli leurs rêves de gamin, tout en sachant que c'est à cause des choix qu'ils ont faits (ou pas) au cours de leur vie. Rendez-vous compte que la santé vous offre la liberté de vivre vos rêves maintenant. À force d'attendre, il sera peut-être trop tard.

Il est extrêmement stimulant et puissant d'avoir la liste de nos rêves, nos « choses à faire avant de mourir ». Quels sont les vôtres ?

Dressez votre *bucket list*[2] en visant suffisamment haut pour que cela compte et vous motive vraiment (si vos rêves ne vous effraient pas, c'est qu'ils ne sont pas assez grands), et en évitant de faire une simple *to do list*. Gardez votre *bucket list* près de vous, consultez-la régulièrement et cochez les rêves au fur et à mesure que vous les réalisez.

Voici un exemple :

- ❑ Apprendre à pêcher à la mouche.
- ❑ Écrire un livre.
- ❑ Visiter Angkor Vat.
- ❑ Nager avec des dauphins.
- ❑ Faire un saut en parachute.
- ❑ Courir un marathon.

2. En référence à l'excellent film *Sans plus attendre* de Rob Reiner sorti en 2007 avec Jack Nickolson et Morgan Freeman.

- ❑ Avoir mon nom dans le journal.
- ❑ Être grand-mère.

Ma liste de choses à faire avant de mourir

La chance, ça se travaille !

La procrastination a un impact néfaste sur l'estime de soi, qui a lui-même un impact fort sur la procrastination. Une des conséquences du manque d'estime de soi, surtout quand on n'a pas le moral, peut être la tendance à se démotiver tout seul : « À quoi bon ? » ou « Je ne vais pas y arriver ». Avec de telles pensées, nous allons faire moins d'efforts, qu'il s'agisse des travaux ménagers, de notre activité professionnelle, nos études, nos hobbies, nos relations, ou même pour prendre soin de nous. Faire moins d'efforts donne moins de résultats. Point.

➜ Faites l'expérience de redoubler d'efforts dans un ou plusieurs domaines, et mesurez les effets sur votre résultat.

Nous ne pouvons pas vivre une vie positive avec un esprit négatif. Naturellement, nous remarquons et nous souvenons bien plus facilement de nos échecs que de nos réussites. Et nous avons tendance à attribuer nos succès à la chance et nos échecs au manque d'intelligence ou de compétence. Alors qu'en fait, la différence entre les mots « gagnant » et « perdant » est la même qu'entre les mots « chanceux » et « malchanceux ».

Des expérimentations scientifiques ont démontré qu'une personne qui se considère comme chanceuse a plus de chance de détecter et de voir les opportunités dans son environnement… À l'inverse, une personne qui se pense malchanceuse est généralement plus tendue et anxieuse, et l'anxiété perturbe notre capacité à percevoir l'inattendu, c'est-à-dire l'opportunité.

Philippe Gabilliet, enseignant à l'ESCP Europe, écrit dans son ouvrage *Éloge de l'optimisme – Quand les enthousiasmes font bouger le monde* (Éditions Saint-Simon, 2010), que « **la chance, ça se travaille !** »

C'est simple, la chance est la combinaison d'une bonne préparation (mentale, physique et matérielle) et d'une opportunité (qui se présente et que nous relevons car nous nous sommes bien préparés).

Voici comment les personnes qui se considèrent chanceuses génèrent leur propre bonne fortune, à travers 4 principes de base :

1. Elles sont habiles pour créer et remarquer des opportunités, puis agir en conséquence. Elles sont curieuses, sortent de chez elles, construisent et maintiennent des réseaux, créent des liens et aident les autres, ont une attitude ouverte et détendue, et sont prêtes à vivre de nouvelles expériences. Attention, cette attitude n'est pas à confondre avec de l'impulsivité.

2. Elles prennent des décisions heureuses en écoutant leur intuition, leurs ressentis. Elles développent leurs capacités intuitives grâce à la méditation, par exemple.

3. Elles créent des prophéties autoréalisatrices grâce à des attentes positives. Elles sont certaines que l'avenir est plein de promesses. Cette croyance optimiste les aide à persévérer face à l'adversité et influence positivement leurs interactions avec les autres.

4. Elles adoptent une attitude résiliente qui transforme la malchance en chance. Elles acceptent la malchance, la gèrent en imaginant comment les choses auraient pu être pires, font contre mauvaise fortune bon cœur, cherchent à apprendre de leurs erreurs et prennent contrôle de leur situation pour mieux recommencer et transformer l'échec. Elles veillent également à toujours avoir un plan B.

☞ **PRENEZ UN MOMENT AU CALME POUR VOUS POSER LES BONNES QUESTIONS.**

➜ Êtes-vous généralement optimiste ou pessimiste ?

➜ Pensez-vous être chanceux ?

➜ Avez-vous des attentes réalistes de succès ?

➜ Êtes-vous conscient de ce qui peut mal se passer ?

➜ Avez-vous élaboré un plan B ?

➜ Quels problèmes et obstacles avez-vous anticipés ?

➜ Que pouvez-vous faire pour croire en votre chance ?

Cuisinez-vous une *can do attitude*

La recette de cette attitude est simple et rapide.

Mélangez :

→ **Un choix pertinent** qui vous ressemble, c'est-à-dire qui est aligné sur vos valeurs et vos désirs ;

→ **Une dose de persévérance** pour aller jusqu'au bout de vos intentions ;

→ **Une rasade d'engagement**, pour garantir votre implication proactive ;

→ **Une mesure de performance**, avec ajustement des actions selon les retours recueillis, jusqu'à obtenir un appareil solide et onctueux, qui nourrira votre espoir de réussir et liera vos efforts.

Bon appétit !

Mourir d'oser ou mourir d'ennui ?

Einstein disait : « La folie, c'est se comporter de la même manière et s'attendre à un résultat différent. » L'habitude de différer risque de ne pas vous apporter les résultats que vous désirez au plus profond de vous-même. Il est bien connu que le changement effraie et que l'inconnu pétrifie, mais si on regarde d'un peu plus près, que se passe-t-il ?

Installez-vous dans un endroit calme et fermez les yeux. Respirez calmement puis imaginez-vous dans 10 ans, sans jamais avoir osé ou réussi à changer. Imaginez un maximum de détails sur cette hypothétique vie. Comment voyez-vous cet avenir ? Que ressentez-vous en voyant les images, en écoutant les sons de cette vie future ?

Imaginez ensuite l'inverse : une vie où vous auriez atteint tous vos objectifs, en étant passé à l'action. De nouveau, observez cette situation dans les moindres détails.

Quelle est la différence ?

« En suivant le chemin qui s'appelle plus tard, nous arrivons sur la place qui s'appelle jamais. »

Patrick Leroux

Top 30 des excuses et justifications

Quand il est temps de faire le choix entre travailler et procrastiner, généralement vous ne manquez pas d'excuses pour faire le mauvais.

« Oui, je sais que j'ai intérêt à le faire, mais… »

1 Je ne sais pas comment gérer ce problème, donc j'attends de le savoir avant de démarrer.

2 Ce travail ne se fait pas parce que je ne veux vraiment pas le faire.

3 Il n'y a pas le feu, le monde ne va pas s'écrouler si cela ne se fait pas.

4 Je travaillerai mieux après avoir mangé quelque chose.

5 J'ai attendu jusqu'au dernier moment la dernière fois et cela a bien fonctionné, alors pourquoi pas cette fois ?

6 Si j'attends jusqu'à la dernière minute, je ne vais pas y passer trop de temps.

7

Si je fais ce travail maintenant, je risque de manquer un événement unique.

8

Des circonstances indépendantes de ma volonté m'empêchent de le faire.

J'ai travaillé sur ça depuis si longtemps que je n'ai plus aucun intérêt ou d'énergie pour cela.

9

10

Je n'ai pas la tête à faire ça aujourd'hui.

Je suis trop fatigué pour commencer maintenant.

11

12

Il faut bien vivre, je suis jeune, je verrai plus tard.

❑ Il me reste encore beaucoup de temps, cela ne presse pas.

13

C'est moi qui décide quand travailler et ce n'est pas maintenant.

14

15

J'ignore par où commencer, je vais réfléchir encore un peu.

16

J'ai des choses plus pressantes à faire avant de commencer ce travail.

17

Ce travail est trop ennuyeux, j'aime mieux aller nager/regarder une série/ jouer à un jeu.

18

Je ne suis pas « dedans », je serai plus en forme demain.

19

Ce n'est pas si grave de regarder un peu la télévision.

20

Aujourd'hui ou demain, quelle différence ?

21

J'ai des choses plus pressantes à faire.

22

C'est vraiment ennuyeux, je vais faire autre chose.

23

Ça ne sert à rien de le faire.

24

Ça va vraiment être difficile et long, je le ferai plus tard.

25

Se détendre, c'est important pour la santé.

26

Un bureau bien rangé, ça fait gagner du temps.

27

Il est trop tard, ce n'est plus une heure pour travailler, de toute façon il n'en sortirait rien de bon.

28

J'ai du rangement à faire, je ne peux pas travailler dans un désordre pareil.

29

Tout le monde procrastine, alors pourquoi pas moi ?

30

Je n'ai plus le temps, et donc je vais tout simplement laisser tomber.

Vous avez habituellement en tête plein de raisons et d'excuses pour ne pas faire le travail. C'est pourquoi il est primordial de revenir sur vos motivations et vos aspirations, avant de remettre à plus tard.

Choisissez les excuses que vous avez tendance à utiliser et trouvez un argument contre chacune d'entre elles. Par exemple, l'excuse « Je n'ai plus le temps, et donc je vais tout simplement laisser tomber » peut être remplacée par « J'ai beaucoup de temps et je vais l'utiliser efficacement ». Notez vos arguments, relisez-les et répétez-les à chaque fois que vous vous prenez en flagrant délit d'excuse...

« Oubliez toutes les raisons pour lesquelles votre projet ne fonctionnera pas, et croyez en la seule raison pour laquelle il va fonctionner. »

Paulo Coelho

MES EXCUSES	MES ARGUMENTS

Po-si-ti-vez !

La façon dont nous pensons et dont nous parlons influence notre moral et notre capacité à réussir, car **notre état psychique impacte notre état chimique.**

Les généralisations négatives sur vous-même sont de fausses représentations qui ont cependant de réelles conséquences. Si, devant un travail à réaliser, vous vous dites : « Je suis nul » ou « C'est trop difficile pour moi, je n'y arriverai pas, ça ne sert à rien d'essayer », vous risquez fortement de vous sentir incompétent et impuissant, ce qui n'améliorera pas l'état de votre motivation. Vous gagnerez à prendre l'habitude de vous parler comme le ferait un entraîneur sportif, en vous dirigeant étape par étape et en ajustant votre façon de procéder selon les besoins du travail.

Les affirmations positives forment une technique simple et facile pour influencer notre esprit conscient. Depuis des siècles, elles sont utilisées dans les pratiques ésotériques et spirituelles sous forme de mantras et de prières. Aujourd'hui, elles sont employées dans des domaines aussi variés que la santé et le bien-être, le monde des affaires, le développement personnel, les compétitions sportives, etc. Il s'agit de déclarations simples, que vous vous répétez en silence ou à haute voix, au moment et à l'endroit de votre choix. Comme quand on travaille un muscle en répétant le même mouvement, les affirmations positives permettent de renforcer votre état mental et de le distraire des pensées démotivantes et dévalorisantes.

METTRE EN PLACE UNE PENSÉE POSITIVE

La règle du jeu est simple : exprimez en une phrase courte et affirmative ce qu'il vous faut pour soutenir votre projet ou votre objectif, sans vous forcer à y croire à tout prix.

En effet, votre subconscient va intégrer l'affirmation, que vous y croyiez ou pas ! Répétez-la régulièrement pendant un moment, et constatez ce qui change…

Comme le suggérait déjà Émile Coué, précurseur de la psychologie comportementale et de la pensée positive : « Toute idée que nous avons dans l'esprit tend à devenir une réalité dans l'ordre du possible. » Il recommandait de faire pénétrer mécaniquement dans l'inconscient l'idée d'amélioration et de progrès par la répétition, 20 fois le matin et 20 fois le soir, de la formule : « Tous les jours, à tous points de vue, je vais de mieux en mieux » sans aucune intervention de la volonté. Selon lui, lorsque cette idée fait son chemin dans les profondeurs de l'inconscient, elle devient par la suite efficace.

Créez vos affirmations positives

Pour vous aider à pratiquer la pensée positive, voici quelques phrases qui peuvent vous inspirer :

- ➜ Je peux réussir mon objectif.
- ➜ Je mérite le succès.
- ➜ Maintenant est le meilleur moment pour commencer.
- ➜ Mes rêves sont plus grands que mes excuses.
- ➜ J'ose aller au-delà de ma zone de confort.
- ➜ J'ai la discipline de faire ce qui doit être fait.
- ➜ Il n'y a pas d'échec, que des résultats.
- ➜ Je suis une personne forte et compétente.
- ➜ Je sais demander de l'aide quand j'en ai besoin.
- ➜ Je suis énergique, dynamique et efficace.
- ➜ Je mérite de gagner l'argent dont j'ai besoin.
- ➜ Je veux et je peux apprendre.
- ➜ Je me vois et me sens changer à chaque instant.
- ➜ Mon futur est indépendant de mon passé.
- ➜ Les erreurs de mon passé font partie de mon évolution.
- ➜ Je suis maître de mon esprit.

- Je me libère de ma culpabilité.
- Je fais de mon mieux.
- Tout ce que j'ai besoin de savoir se révélera.
- Mes résultats dépassent mes espérances.

NEUTRALISER SES PENSÉES NÉGATIVES

Passez quelques minutes à vous détendre en portant votre attention sur votre respiration. Cherchez en vous les choses décourageantes et limitantes que vous vous dites. Pour chaque chose négative que vous trouvez, cherchez une affirmation positive capable de la neutraliser.

Répétez-vous cette affirmation positive aussi souvent que vous le pouvez, plusieurs fois par jour : sa puissance augmentera avec la pratique et la répétition !

J'APAISE MON CŒUR

Vous savez ce que vous avez à faire mais vous n'arrivez pas à vous y mettre. C'est le pas entre l'intention et l'action que vous n'arrivez pas à franchir et qui, à priori, est lié à la difficulté de gérer ses humeurs et ses émotions. Certains chercheurs appellent même la procrastination « le summum du manque de contrôle de soi ». La plupart des procrastinateurs montrent une tendance à l'auto-sabotage, que ce soit par stimulation négative (peur d'échouer, de ne pas être à la hauteur par exemple) ou par stimulation positive (les joies de la tentation). La peur insécurise et nous fait perdre nos moyens, la tentation nous déroute. Quel que soit le déclencheur, nous n'avançons pas sur notre chemin.

Vous êtes-vous déjà demandé quels étaient vos démons de l'inertie, ceux qui vous empêchent d'agir ?

Bien identifier les raisons de votre procrastination, les mécanismes de votre problème et les obstacles que vous rencontrez, vous aidera à trouver les clés pour vaincre la procrastination.

Cap sur les principales causes de procrastination !

L'impulsivité

L'impulsivité, ou « la tentation du présent », constitue la plus grande cause de procrastination. Selon une équipe de spécialistes de l'université de Boulder, dans le Colorado, il s'agirait d'un problème de contrôle de soi et d'autorégulation, en partie d'origine génétique mais également lié à la structure fondamentale de notre cerveau[3]. Par un besoin de vivre dans l'instant, l'impulsivité dicterait notre réaction, avec l'impatience de vouloir tout, tout de suite. L'impulsivité nous ferait alors choisir un petit bénéfice immédiat plutôt qu'un énorme bénéfice à plus long terme. Ainsi, la pression d'une échéance proche (qui pour les personnes moins impulsives aide à se mettre en action) aura tendance à passer le sujet impulsif directement en mode d'évitement. Il semblerait par ailleurs que l'impulsivité entraîne des difficultés à appréhender et gérer la notion du temps, une incapacité à s'organiser et se projeter dans un avenir à long terme.

Chez nos ancêtres, l'impulsivité était indispensable, car le lendemain était incertain et l'environnement hostile. Mais aujourd'hui, à une époque où l'on aspire à des projets qui se réalisent beaucoup plus tard dans la vie, l'impulsivité nous incite à éviter un sentiment d'inconfort à court terme qui nous permettrait pourtant de gagner en confort à long terme.

3. Cette étude a été publiée dans la revue *Psychological Science*.

Selon les chercheurs, le problème vient du fait que notre environnement ait évolué plus vite que nous. Si nous n'avons plus besoin de l'impulsivité du chasseur, nous en avons pourtant gardé les traits.

LES DÉCLARATIONS SUIVANTES SONT CARACTÉRISTIQUES D'UNE FORTE IMPULSIVITÉ :

➜ J'ai des envies intenses et irrésistibles.

➜ Je n'arrive pas à choisir ce que je vais faire ensuite.

➜ Je n'arrive pas à faire les choses au moment où je pense qu'il faut les faire.

➜ Je ne veux pas faire cela car j'ai mieux à faire.

➜ Je suis sans arrêt distrait.

➜ J'ai du mal à aller jusqu'au bout des choses.

➜ J'ai tendance à me laisser aller, à faire ce qui est plaisant plutôt que de me mettre au travail sérieusement.

➜ J'agis régulièrement sans réfléchir.

➜ Je suis incapable de garder mes sentiments sous contrôle.

➜ J'ai du mal à me concentrer sur une seule tâche.

Les trois cerveaux

Qui n'a pas fait l'expérience d'un conflit entre émotion et raison, l'une recherchant une satisfaction immédiate et l'autre privilégiant une intention bénéfique pour le long terme ? Entre « J'ai envie de manger ce dessert au chocolat » et « Je ne devrais pas, cela serait de la pure gourmandise » ou « Je n'ai pas envie de faire les courses maintenant » et « Mais mon frigo est vide, je risque de le regretter » ?

Cette situation très commune d'opposition est source de procrastination et s'explique par la structure même de notre cerveau. Paul MacLean, neurobiologiste américain, est à l'origine de la théorie du « cerveau triunique ». Ce modèle présente notre cerveau en trois parties distinctes, apparues successivement au cours de l'évolution de l'espèce humaine :

Le cerveau « reptilien » : c'est le plus ancien et le plus primitif. Il assure notre survie en gérant nos fonctions vitales telles que la fréquence cardiaque, la respiration, la température corporelle, l'équilibre, la digestion, etc. Il est fiable et totalement inconscient ;

Le cerveau « limbique » (aussi appelé « mammalien ») : il est apparu avec les premiers mammifères. Chez l'être humain, il est responsable des émotions, des comportements instinctifs et de la mémoire. C'est le siège de nos évaluations et jugements de valeur. Il déclenche les réactions d'alarme du stress ;

Le « néocortex » : il prend de l'importance chez les primates et culmine chez l'être humain avec nos deux gros hémisphères cérébraux. Il permet notamment le raisonnement logique, la pensée abstraite, l'imagination, le langage, l'anticipation des actes et la conscience. Le néocortex est souple et possède des capacités d'apprentissage quasi infinies.

Vous l'aurez compris, le conflit entre émotion et raison se joue entre la partie limbique (l'affectif) et le néocortex (le cognitif) de notre cerveau. La partie limbique prend des décisions facilement, rapidement et instinctivement, en se basant sur le concret et l'immédiat, son point focal étant l'ici et maintenant. Le néocortex, de son côté, est plus flexible dans la prise de décision, mais aussi plus lent et plus exigeant car il se focalise sur les intérêts à long terme, la vue d'ensemble, les concepts abstraits.

Une métaphore présente souvent ces deux parties comme le cheval (la partie limbique) et son cavalier (le néocortex). Les deux vont parfois dans le même sens, mais il arrive qu'ils nous tirent vers des directions totalement opposées. Car quand le système limbique est directement stimulé par des sensations très concrètes (visuelles, auditives, kinesthésiques), le cheval s'emballe et résiste au cavalier qui aura alors un mal fou à le contrôler.

Égalité des sexes, égalité de cerveaux ?

Un patient gravement malade se trouve à l'hôpital. La famille est réunie dans la salle d'attente. Un médecin fatigué vient à leur rencontre : « Désolé, je vous apporte de mauvaises nouvelles. L'unique chance de survie est une greffe de cerveau. C'est une opération expérimentale, très risquée et dont les frais seront totalement à votre charge. » La famille reste abasourdie. Un des membres demande alors :

« – Combien coûte un cerveau ?

– Cela dépend, répond le médecin, 5 000 € pour un cerveau d'homme, 200 € pour un cerveau de femme ».

Un long moment de silence s'installe. Les hommes de la famille se retiennent de rire et évitent de regarder les femmes.

Un curieux ose quand même poser la question : « Docteur, pourquoi une telle différence de prix ? » Le docteur sourit puis répond : « Les cerveaux de femme coûtent moins chers car ils sont d'occasion : ce sont les seuls à avoir été utilisés. »

Salutations aux hommes qui ont souri à la moitié de l'histoire !

En fait, il n'y a pas réellement de sexe fort face à la procrastination : selon une étude, la répartition hommes/femmes pour 100 personnes qui procrastinent est de l'ordre de 54 hommes pour 46 femmes.

Comparaisons dans le temps

Cet exercice consiste à analyser et comparer les bénéfices à court terme et les bénéfices à long terme d'un changement de comportement. C'est un très bon moyen pour contrer l'impulsivité, car parfois les bénéfices à court terme sont peu nombreux et ne suffissent pas à vous motiver.

Prenons un exemple : vous souhaitez arrêter de fumer.

➜ Dressez la liste des bénéfices à court terme des deux options (fumer ou arrêter). Les bénéfices à court terme de fumer peuvent être : une meilleure concentration, une sensation de relaxation, combler un sentiment de manque, etc.

➜ Ensuite, faites l'inventaire des bénéfices à long terme des deux scénarios. Ceux liés au fait de fumer sont peu différents que les bénéfices à court terme, alors que les bénéfices à long terme peuvent inclure une vie plus longue, une meilleure santé, le fait d'éviter la pression de votre entourage qui souhaite vous voir arrêter, l'économie que vous feriez et les choses fabuleuses que vous pourriez vous acheter à la place des paquets de cigarettes, etc.

Ce genre d'analyse et de mise en perspective dans le temps peut vous aider à décider une bonne fois pour toute de modifier une mauvaise habitude et de gérer votre procrastination dans cette situation.

Le contrôle proactif de son environnement

Chaque seconde de distraction est une opportunité pour votre esprit de vagabonder et de perdre de vue son intérêt principal.

Pour conserver toute votre concentration pendant une tâche :

➜ **Mettez de l'ordre dans votre environnement** : rangez votre bureau, votre espace, votre maison. Le désordre crée des distractions visuelles et augmente le temps nécessaire pour se concentrer. Débarrassez-vous du bazar inutile.

➜ **Ayez un lieu dédié au travail où vous ne faites rien d'autre que ça.** Si vous avez besoin de prendre une pause, prenez-la en dehors de cet espace de travail. Si vous avez la flemme de vous lever et de vous y rendre, dites-vous que vous n'avez probablement pas besoin de cette pause.

➜ **Limitez les sources d'interruption possibles** : fermez la porte de votre bureau, éteignez vos alertes, mettez votre téléphone sur silencieux, etc.

Quelles sont les choses qui vous distraient habituellement ? Faites la liste de ces choses puis demandez-vous lesquelles vous pouvez éliminer de votre environnement de travail.

Dites non aux offres alléchantes

Plusieurs activités peuvent s'offrir à vous, souvent plus tentantes que de se consacrer à des tâches ennuyeuses. Comment dire non ? Si c'est un problème pour vous, l'établissement de périodes fixes pour le travail pourrait vous aider. Lors de ces périodes, votre objectif sera de toujours dire non aux offres. Par ailleurs, avant de dire oui, donnez-vous un délai de réflexion de quelques minutes afin d'analyser les conséquences de ce oui et les possibilités de remettre l'activité à un moment ultérieur.

Apprivoiser la tentation...

Prenez conscience des caractéristiques (qualités abstraites) de votre tentation. Faites travailler votre néocortex (analyse et raison) au lieu de votre cerveau limbique (émotion et désir). Par exemple, pensez « Il y a 24 épisodes de 45 minutes dans cette série télévisée » plutôt que « J'adore cette série ! » ou bien « Ce gâteau est fait de sucre, de beurre et de calories » plutôt que « Miam, et si je dégustais une part ? ».

Écrivez les aspects abstraits de vos tentations habituelles, cela vous aidera à y voir plus clair !

...et y résister !

Si toutefois la tentation est trop forte :

- ➜ Respirez profondément.
- ➜ Éloignez-vous de la tentation (pour ne plus la voir, l'entendre, la sentir).
- ➜ Passez un moment à penser à vos objectifs à long terme et demandez-vous : « Qu'est-ce que je vise ? Qu'est-ce je veux à long terme ? »

Vous verrez, le moment de tentation va passer pour relaisser la place à votre flow...

Être dans le flow

Le flow est l'état (de grâce) dans lequel vous êtes quand vous perdez la notion du temps pendant une tâche. Vous êtes dans votre excellence, dans ce que vous savez bien faire et ce que vous prenez plaisir à faire. C'est parce que le niveau de difficulté est parfaitement adapté à vos compétences (zone de confort) et vos capacités de progression (zone de stretch). Veillez à bien mesurer ce niveau de difficulté, car si une tâche est trop difficile, c'est le burn out, si elle est trop facile, c'est le bore out !

Pour cela, reconnaissez vos capacités et vos limites, et soyez ambitieux mais réaliste dans la définition de vos objectifs et de vos engagements.

Respirer pour se concentrer

Saviez-vous que la respiration est la première clé pour contrôler ses émotions et se concentrer ? Que la pratique régulière de la respiration ventrale entraîne une meilleure tonicité musculaire et facilite l'assimilation et la digestion des aliments ? Et qu'en plus, une bonne respiration permet de mieux irriguer le cerveau et d'améliorer nos capacités de concentration ?

Les problèmes de concentration et de procrastination sont souvent des problèmes qui agissent l'un sur l'autre. Arriver à se concentrer, c'est mettre toute son attention sur une seule chose à la fois. Lorsque vous arrivez à vous concentrer, vous travaillez plus rapidement et avec un meilleur résultat. Mais comment arriver à se concentrer ?

EXERCICE D'OBSERVATION DE LA RESPIRATION

➔ **Asseyez-vous dans un endroit calme,** adoptez une position confortable, avec vos deux pieds posés sur le sol et votre dos bien droit. Vos yeux peuvent être ouverts ou fermés.

➔ **Portez votre attention sur votre respiration.** Laissez-la aller naturellement, et suivez le trajet de l'air de vos narines jusqu'aux poumons, de vos poumons jusqu'à vos narines. Prenez conscience des différences de température de l'air, puis de votre corps qui bouge pendant les respirations (dilatation des narines, cage thoracique qui s'élargit, côtes qui se soulèvent, abdomen qui se gonfle et se dégonfle lentement).

➔ **Si des pensées viennent et que votre esprit s'égare,** reportez en douceur votre attention sur votre respiration.

➔ **Inspirez et expirez tranquillement pendant quelques minutes,** puis observez vos ressentis.

Alors ?

Ajoutez des routines utiles et sensées dans votre vie

Routines, habitudes et rituels aident à diminuer l'impulsivité. Ils peuvent être difficiles à mettre en place, car ils nécessitent du temps et un effort en conscience, mais cela en vaut la peine. Une tâche à accomplir devient bien plus facile si vous prenez l'habitude de la faire, qu'il s'agisse de travail, d'exercices sportifs ou de ménage.

Pour faciliter le processus :

➜ Démarrez votre routine progressivement, par un engagement ambitieux mais réaliste. À la longue, cela deviendra quelque chose que vous ferez simplement, sans trop d'efforts ou d'amorce ;

➜ Ensuite, enrichissez la routine en y ajoutant un élément, tout en gardant l'effort à un niveau ambitieux mais réaliste ;

➜ Puis, si vous sortez de cette routine, ce qui est parfois inévitable en raison des événements imprévus de la vie, retournez-y dès que possible.

Une habitude ou routine n'est pas nécessairement spécifique à un objectif particulier. Par exemple, afficher votre objectif et suivre sa progression, au même endroit et à la même heure tous les jours, peut devenir une habitude qui marchera pour tout objectif, quel qu'il soit.

Votre routine deviendra plus forte à chaque fois que vous la suivrez, mais s'affaiblira à chaque fois que vous l'oublierez.

J'aime comparer la création d'une routine à la construction d'une autoroute. C'est comme si, la première fois que nous entreprenons une nouvelle action, l'intention de notre esprit doit se frayer un chemin à travers la jungle de notre système nerveux à l'aide d'une machette. Progressivement, c'est le passage à répétition sur ce même chemin qui finira par créer une autoroute. Ainsi, l'accès entre l'intention et l'action devient facile et fluide.

Réduire les échéances

Puisqu'elles ont tendance à privilégier les gains immédiats, les personnes impulsives ont intérêt à se méfier des échéances (et donc des gratifications) éloignées dans le temps. **Décomposer un objectif en plusieurs sous-objectifs** peut alors être une aide précieuse. Concrètement, il s'agit de détailler son objectif global en une liste d'étapes, puis de décomposer chaque étape en une liste d'actions quotidiennes ou hebdomadaires, faciles à réaliser.

Et s'accorder une petite récompense chaque fois qu'une étape essentielle a été franchie permettra de garder l'élan et le moral !

La peur d'échouer

La peur de l'échec est la deuxième cause importante de procrastination. Si vous avez quelque chose à faire et si vous n'êtes pas sûr de vous, si vous doutez de vos capacités à faire les choses, si vous avez peur de décevoir quelqu'un dans l'idée qu'il se fait de vous ou si vous craignez la critique de votre entourage, alors vous aurez tendance à repousser le moment de vous mettre au travail.

La procrastination peut alors vous éloigner de ces émotions désagréables et permettre de protéger votre ego et votre image. Eh oui, en faisant le travail à la dernière minute, vous pourriez prétexter un manque de temps pour réaliser adéquatement le travail, plutôt que d'avoir à avouer un manque de compétence. Malheureusement, l'accumulation de choses à faire dans un temps de plus en plus court a tendance à augmenter votre peur et votre anxiété jusqu'à bloquer toute initiative de vous y mettre. Le cercle vicieux de la procrastination s'installe...

LES DÉCLARATIONS SUIVANTES SONT CARACTÉRISTIQUES D'UNE PEUR DE L'ÉCHEC :

➔ Je me sens obligé de réussir.

➔ Je me considère comme un raté si j'échoue après avoir tenté quelque chose.

➔ Je m'inquiète de ce que les autres penseront de moi si j'échoue.

➔ Je ressasse mes échecs antérieurs.

➔ J'ai trop de choses à faire.

➔ Je manque de confiance en moi.

➔ Je manque de persistance et de ressources.

➔ Je me demande si mes efforts vont me permettre de réussir comme je veux.

➔ Je ne pense pas que ça va marcher parce que je me sens nul.

➔ Le travail est trop difficile pour moi.

Il n'y a pas d'échec, seulement des expériences

Ou en d'autres termes : il n'y a pas de ratures, que des résultats (satisfaisants ou pas).

Les résultats de nos efforts pour atteindre nos objectifs peuvent être interprétés de différentes manières. Plutôt que de vous regarder avec critique, en focalisant votre attention sur ce qui ne va pas, ce que vous n'avez pas réussi, ce que vous n'avez pas fait ou carrément mal fait, entraînez-vous à regarder objectivement ce que vous pouvez apprendre de l'expérience. Selon la nature d'un objectif particulier, celui-ci peut prendre plus ou moins d'efforts pour atteindre le résultat visé.

« Le succès, c'est d'aller d'échec en échec sans perdre son enthousiasme. »
Winston Churchill

Il était une fois un inventeur qui avait mis au point un dispositif d'imagerie très complexe. Il lui avait fallu des années pour le terminer, et il avait élaboré beaucoup de versions qui n'avaient pas abouti. Lorsqu'on lui demanda comment il avait réussi à dépasser tous les échecs rencontrés, il déclara : « Je suppose que je ne les ai pas considérés comme des échecs. J'ai juste pensé qu'ils étaient une solution à un problème autre que celui sur lequel je travaillais à l'époque. »

Considérez ce que vous faites de différent ou de nouveau comme une expérimentation pour apprendre ce qui fonctionne et ce qui ne fonctionne pas pour vous. **L'expérience aide à révéler le décalage entre ce que vous pensiez initialement et le résultat réel.** Apprendre à gérer ce décalage revient à évoluer et à grandir.

« La récompense est déjà dans le changement. »
Éric Denis

La boucle du feedback

Il est important de comprendre que le changement est un processus, non pas un événement. Dans de nombreux cas, notre réussite ultime ne se fait pas en fonction de résultats immédiats, mais plutôt d'une boucle de rétroaction continue.

Un modèle intéressant de stratégie de changement est la **boucle du feedback** appelée T.O.T.E. et définie en 1960 par George Miller, Eugene Gallanter et Karl Pribram. L'acronyme signifie « Test – Opération – Test – Exit ». Selon ce modèle, nos programmes cognitifs et comportementaux se composent d'un test (un objectif fixe et un système d'évaluation) et d'une série d'opérations (une variation de moyens pour atteindre cet objectif). Nous fixons consciemment ou inconsciemment des objectifs et développons des tests pour vérifier l'atteinte de ces objectifs. Et si ces objectifs ne sont pas atteints, nous opérons des changements pour nous en rapprocher. Quand les critères du test sont atteints, nous sortons (exit) pour passer à l'étape suivante.

Voici comment utiliser les éléments de cette boucle :

➔ **But :** quel est votre objectif ?

➔ **Test :** comment saurez-vous que vous avez atteint votre objectif ?

➔ **Opérations :** qu'allez-vous faire pour atteindre votre objectif ?

- **Opérations d'ajustement :** qu'allez-vous faire en cas de difficulté ?
- **Exit :** vous avez atteint votre objectif. Quel sera le prochain ?

Par exemple, un enfant qui est prêt à apprendre à marcher (but), observe d'abord s'il est capable de marcher (test), avant de se lever pour essayer (opération). Lorsqu'il tombe, il observe qu'il n'a pas atteint son objectif (test), il se relève et continue ses essais (opérations d'ajustement), jusqu'à ce qu'il y arrive (exit).

Le T.O.T.E. modélise l'apprentissage par l'expérience, qui devient d'autant plus efficace quand il se fait en conscience. Cette logique est prometteuse car tant qu'un résultat ne nous satisfait pas, nous avons toujours la possibilité de regarder ce que nous avons fait, puis de chercher de nouvelles façons de procéder pour atteindre notre objectif.

D'ailleurs, savez-vous pourquoi les enfants ne se découragent pas et n'abandonnent pas l'apprentissage de la marche, malgré de très nombreuses chutes ? Parce que généralement, leur environnement ne remet pas en doute leur capacité de réussir à marcher.

La grenouille victorieuse

Il était une fois une course de grenouilles. Le point d'arrivée de cette course se situait au sommet d'une haute tour. De nombreuses personnes se réunirent pour voir les grenouilles et les soutenir. Mais en réalité, les spectateurs étaient persuadés qu'il était impossible pour les participants d'atteindre la fin du circuit, et tous les commentaires qu'on pouvait entendre étaient de cette nature : « Quelle peine !!! Les pauvres grenouilles n'y arriveront jamais ! »

Les grenouilles commencèrent à douter d'elles-mêmes et à se résigner, sauf une qui continua de grimper avec fougue. Les spectateurs poursuivaient : « Quelle peine !!! Elles n'y arriveront jamais ! ». Et les grenouilles, une par une, acceptèrent d'avance leur défaite, sauf la même grenouille qui poursuivait son parcours avec entrain. Dans un ultime effort, elle atteignit le sommet de la tour. Une grenouille s'approcha alors de la gagnante pour lui demander comment elle avait fait pour terminer l'épreuve et découvrit avec stupeur que sa camarade était sourde !

Que ce soit celles des autres ou celle de votre dialogue intérieur, il vaut mieux **ignorer les voix négatives** parce qu'elles dérobent vos meilleures intentions. Rappelez-vous toujours la puissance des mots que nous entendons ou lisons et pensez-les en termes positifs ! Restez sourd à ceux qui vous disent d'emblée que vous ne pouvez pas réaliser vos rêves (même si c'est votre voix intérieure). Poursuivez vos efforts !

Impuissance apprise

Quand une personne s'attend systématiquement à l'échec jusqu'à renoncer avant d'essayer, même quand une bonne opportunité se présente, nous parlons d'impuissance apprise. La personne se maintient dans une situation d'inertie, en se disant que de toute façon elle ne va pas réussir.

S'il vous arrive de penser que la réussite est impossible, si vous vous demandez « À quoi bon essayer ? », rappelez-vous que sans effort aucun succès n'est garanti.

Une caresse pour l'âme

Demandez qu'on vous offre des compliments ! Sollicitez votre conjoint(e), votre meilleur(e) ami(e), vos enfants, vos collègues, pour qu'ils vous mentionnent vos plus belles qualités. De la même manière qu'une voiture a besoin d'essence pour rouler, les êtres humains ont besoin de reconnaissance pour avancer.

Continuez à évoluer

Ce n'est pas parce que vous avez moins bien réussi que prévu que vous êtes incompétent ou mauvais dans ce que vous faites. Au contraire, comme nous l'avons vu, c'est en apprenant de ses erreurs que l'on devient meilleur et que l'on peut définitivement arrêter de procrastiner.

Et en y regardant de plus près, vous réaliserez peut-être qu'il y a une contrainte technique, un manque de compétences ou de connaissances qui vous empêche de faire votre travail et de réussir. La solution à ce problème est d'être honnête envers vous-même, de reconnaître que vous avez besoin d'apprendre ce qui vous manque et de compléter votre formation.

Pour le meilleur et pour le pire

La peur d'échouer est parfois liée à un besoin de perfectionnisme. En effet, les personnes perfectionnistes ont tendance à placer la barre trop haut, à attendre trop d'eux-mêmes et à viser un résultat difficile à atteindre, ce qui leur fait perdre le sens de la réalité. Ainsi, elles ont peur de ce qui pourrait se passer si elles n'arrivent pas à satisfaire leurs propres niveaux d'exigences. À choisir, mieux vaut ne rien faire plutôt que d'être médiocre.

Un autre piège du perfectionnisme est la logique du tout ou rien, c'est-à-dire de vouloir réussir immédiatement, de perdre de vue que c'est grâce aux étapes intermédiaires que l'on arrive à un travail fini.

« Le pire, le mieux et le plus réaliste » est une technique issue des TCC (Thérapies Comportementales et Cognitives) qui permet d'équilibrer les choses. Simple et flexible, cette méthode peut être utilisée pour gérer toutes sortes de pensées angoissantes et limitantes. Le plus difficile est de combattre ses peurs en pratiquant régulièrement l'exercice. Il s'agit de formaliser trois scénarios par rapport à un objectif. Si vous vous inquiétez d'un échec, d'une critique ou d'un résultat imparfait, imaginez ce qui pourrait se passer.

Exemple : vous devez faire une présentation de l'avancement d'un projet au comité de direction de votre entreprise.

→ Le scénario catastrophe

Quelle est la pire chose qui puisse arriver ?

Vous n'avez pas bien préparé cette présentation. La veille au soir, quand vous avez enfin voulu vous y mettre, vous avez eu très mal à la tête et vous avez pris de l'aspirine, ce qui vous a rendu somnolent. Vous vous êtes endormi avant d'avoir terminé et vous vous êtes réveillé en retard, la tête à l'envers. Lors de la présentation, que vous avez donc insuffisamment préparée, vous êtes maladroit et mal à l'aise. Votre patron relève un point qui s'avère être un problème sérieux et bloquant et que vous n'avez pas identifié, ni même traité. Cette situation remet en question une promotion que vous saviez proche...

→ Le scénario idéal

Quelle est la meilleure chose qui puisse arriver ?

Vous vous êtes très bien préparé et, après une très bonne nuit de sommeil, votre présentation se déroule à merveille. Vous vous sentez à l'aise et votre patron se montre très satisfait. Votre auditoire, qui vous écoute avec beaucoup d'attention et de bienveillance, vous donne ensuite des avis et des suggestions d'amélioration très utiles. La perspective d'une promotion est quasi certaine.

→ Le scénario réaliste

Quelle est la chose la plus probable qui puisse arriver ?
Vous avez passé du temps à préparer la présentation. Votre nuit de sommeil fut un peu courte en raison du trac. Mais lors de la présentation, votre auditoire participe et réagit positivement, ce qui accroît votre confiance. Votre patron se montre satisfait. Il mentionne quelques points où vous pourriez progresser, mais il s'agit de choses dont vous avez déjà conscience et sur lesquelles vous travaillez déjà. Votre promotion imminente n'est pas remise en question. L'exercice n'était pas facile, mais vous vous sentez reconnu et soutenu. Vous êtes ravi de l'avoir mené à bout avec succès !

Regardez la réalité en face. Au pire, que peut-il se passer si vous échouez ? Dans bien des cas, l'échec se traduira par une déception passagère, mais il vaut mieux avoir essayé d'aller au bout des choses plutôt que de repousser sans cesse votre travail et de ne jamais rien accomplir. C'est l'accomplissement des choses qui permet d'avoir confiance en soi et de lutter contre la procrastination.

**Ce que je vise, ce n'est pas la perfection,
mais plutôt le perfectionnement.**

Confronter ses peurs et les transformer

Tout comme les bruits sont plus inquiétants dans une pièce sombre, les pensées angoissantes sont généralement plus impressionnantes quand elles restent inexprimées ou floues. Il sera donc bénéfique de déterminer ce dont vous avez peur, car :

➜ Confronter ses peurs de la pire chose qui puisse arriver est une stratégie d'anti-évitement. Généralement, essayer d'occulter des pensées désagréables augmente la puissance de ces pensées (plus je résiste, plus elles persistent).

➜ Quand vous luttez contre des pensées angoissantes, vous vous donnez le message implicite que vous ne seriez pas capable de gérer la situation redoutée si celle-ci se réalisait. La plupart du temps, la conséquence de votre pire scénario peut être désagréable, inconfortable, embarrassante, ennuyeuse, mais pas dangereuse ou catastrophique.

➜ Quand vous faites l'expérience d'émotions désagréables, vous avez tendance à ne voir que des explications, résultats et conclusions négatifs. Ouvrir la perspective peut déjà vous aider à vous sentir mieux.

➜ Imaginer les meilleurs résultats et les plus réalistes peut parfois vous inspirer des idées pour rendre ses résultats plus probables, vous aider à bâtir des stratégies de réussite. En plus des risques, vous prendrez conscience des opportunités qu'offre la situation.

➜ Prendre conscience que votre peur d'échouer peut aussi vous être bénéfique quand elle est gérée et mise au service de vos efforts et de votre mobilisation.

Et pour faire grandir votre courage, pas besoin d'être Superman ou Superwoman : il suffit d'être honnête et indulgent avec vous-même, c'est-à-dire de reconnaître et d'accepter vos peurs, puis d'entreprendre des petites actions pour les dépasser, pas à pas.

« *Le courage n'est pas l'absence de peur,*
mais l'action malgré la peur. »
Proverbe chinois

La peur de réussir

La peur de réussir est aussi une cause de procrastination. Elle est à priori liée à la peur du changement et la peur de perdre le contrôle : réussir entrainerait forcément une évolution au-delà de la zone de confort (là où les choses restent identiques et sous contrôle) et la nouvelle situation pourrait avoir des effets négatifs ou susciter un sentiment d'insécurité (davantage de responsabilités ou d'exigences, de nouveaux efforts à faire, une autonomie à gérer, etc.).

☞ **LES DÉCLARATIONS SUIVANTES SONT CARACTÉRISTIQUES D'UNE PEUR DE RÉUSSIR :**

➜ Je m'inquiète de ce que les autres penseront de moi si je réussis.
➜ Si je réussis, je vais devoir me montrer à la hauteur de nouvelles attentes.
➜ Je ne veux pas que les autres pensent que je suis meilleur qu'eux.
➜ Si je réussis, je vais me retrouver tout seul.
➜ Je ne mérite pas de réussir.
➜ J'ai peur d'avoir de plus en plus de responsabilités et d'obligations.
➜ Si je réussis, trop de choses vont changer dans ma vie/ma personnalité.
➜ Peut-être que cette réussite n'est pas celle que je veux vraiment.
➜ Je ne veux surtout pas blesser les autres.
➜ C'est trop facile de réussir.

Notre plus grande crainte

*« Notre plus grande crainte, ce n'est pas d'être impuissant.
Au contraire, notre plus grande crainte concerne
notre puissance immensurable.
Pas l'ombre, mais la lumière en nous est ce que
nous craignons le plus.
Nous nous demandons : qui suis-je pour me considérer brillant,
rayonnant, doué, fantastique ?
Mais pourquoi tu ne le seras pas ? Tu ne seras personne
en te retenant !
Il n'y a pas de lumière, si les gens se rassurent par ta petitesse.
Nous sommes destinés à rayonner, comme le font les enfants.
Et si vous laissez votre lumière rayonner, cela crée l'opportunité
pour l'autre d'en faire de même.
Libéré de notre plus grande peur,
notre présence libérera les autres. »*

Marianne Williamson, *A Return to Love: Reflections on the Principles of A Course in Miracles*, Harper Collins, 1992

Question d'écologie

Avant de décider de vous engager dans un projet, faites le tour des aspects écologiques[4].

Prenez un temps au calme et détendez-vous en portant votre attention sur votre respiration, sans vouloir la contrôler.

Puis dressez 4 listes, une pour chacune des questions suivantes, avec au moins 5 réponses par liste :

➜ Qu'est-ce que je gagne à atteindre mon but ?

➜ Qu'est-ce que je perds à atteindre mon but ?

➜ Qu'est-ce que je gagne à ne pas atteindre mon but ?

➜ Qu'est-ce que je perds à ne pas atteindre mon but ?

Ne « forcez » pas les réponses, laissez les venir tranquillement à votre conscience !

4. Dans le domaine de la PNL (programmation neuro-linguistique), le terme « écologie » fait référence à l'équilibre dynamique des éléments d'un système et concerne les conséquences et les effets (positifs ou négatifs) de nos choix. Par exemple, un objectif est dit écologique s'il respecte les valeurs fondamentales d'un individu et de son système familial, professionnel, social et culturel.

Le manque de motivation

La motivation, c'est l'exact opposé de la procrastination. Elle est le carburant de nos actions : plus nous sommes motivés, plus nous avançons facilement. Et l'inverse est également vrai : plus nous sommes démotivés, moins nous passons à l'action, et plus l'écart se creuse entre l'intention et l'action.

☞ **LES DÉCLARATIONS SUIVANTES SONT CARACTÉRISTIQUES D'UN MANQUE DE MOTIVATION** :

➜ Je fais ça tous les jours et ça ne fait aucune différence.
➜ Je m'attends à ne recevoir aucune récompense ou reconnaissance pour avoir fait cette chose.
➜ Je me fiche du résultat car de toute façon personne ne va s'apercevoir de mes efforts.
➜ Je ne sais pas ce que je veux.
➜ Je ne suis pas d'accord avec les objectifs/la finalité de ce projet.
➜ Ce travail est inintéressant et m'ennuie.
➜ Mes priorités ne sont pas clairement définies.
➜ Je ne savais pas que ce travail allait être aussi long.
➜ Je n'arrive pas à me concentrer.
➜ Je manque d'enthousiasme pour assumer mes responsabilités.

L'équation de la motivation

Piers Steel, auteur du livre *The Procrastination Equation: How to Stop Putting Things Off and Start Getting Stuff Done*, présente la motivation comme la somme de quatre éléments :

$$\text{Motivation} = \frac{\text{espoir x valeur}}{\text{impulsivité x délai}}$$

Dans cette équation, le numérateur (espoir x valeur) est lié à la peur d'échouer ou de réussir :

➜ **L'espoir** fait référence à la croyance de pouvoir réussir et recevoir la récompense.

➜ **La valeur** fait référence à l'importance de la tâche, au plaisir éprouvé à l'effectuer et à la satisfaction de l'avoir achevée.

Le dénominateur (impulsivité x délai) est lié à la capacité à gérer le temps :

➜ **L'impulsivité** fait référence à la tendance à être distrait, à la capacité à rester concentré et la difficulté de gérer des émotions désagréables.

➜ **Le délai** fait référence à la durée de la tâche, le temps qu'il faut pour l'accomplir et obtenir la récompense associée.

Prenez un moment pour réfléchir à cette équation et aux 4 éléments qui contribuent à votre niveau de motivation. Quel élément pourriez-vous introduire afin d'influencer positivement votre équation ?

Le refus des exigences d'autrui

Certaines personnes reportent automatiquement à plus tard tout ce qui leur est imposé par autrui. L'impression d'une atteinte à la liberté leur est insupportable. C'est un phénomène acquis et non inné qui trouve souvent son origine dans une éducation autoritaire. Un parent sévère et enclin au contrôle provoque chez ses enfants une difficulté à se réguler, à internaliser leurs propres intentions et donc à apprendre à les transformer en action. Procrastiner leur donne ainsi l'impression de contrôler les situations dans lesquelles d'autres personnes font autorité et ainsi de préserver leur autonomie et leur indépendance.

☞ **COUPEZ LES LIENS « TOXIQUES » – L'EXERCICE DES PETITS BONSHOMMES ALLUMETTES**

Si vous avez l'impression que votre procrastination trouve sa source dans votre lien avec un parent ou éducateur autoritaire et sévère, je vous propose cet exercice, inspiré de Jacques Martel, pour couper les liens d'attachement « toxiques » (conscients ou non) qui vous lient à cette personne, tout en conservant des liens d'amour et de respect.

→ Munissez-vous d'une feuille de papier, de crayons de couleur et d'une paire de ciseaux.

→ Dessinez-vous vous-même et nommez-vous.

→ Dessinez l'autre personne et nommez-la également.

→ Dessinez un cercle de lumière autour de vous.

→ Dessinez un cercle de lumière autour de l'autre personne.

→ Dessinez un cercle de lumière englobant les deux personnes.

→ Tracez ensuite les lignes d'attachements, conscients ou inconscients, au niveau des 7 centres énergétiques (périnée, bas ventre, plexus solaire, cœur, gorge, front, sommet de la tête).

→ À l'aide des ciseaux, coupez la feuille en deux afin de rompre ces attachements.

Prenez un moment pour ressentir ce qui se passe en vous. Le résultat peut être immédiat ou prendre un peu plus de temps avant de se manifester. Une fois ce travail symbolique terminé, il est bon de lâcher prise, de laisser faire les choses.

Vous pouvez faire cet exercice régulièrement et dès que le besoin se fait ressentir.

Cigale ou foumi ?

La Cigale, ayant chanté
Tout l'Été,
Se trouva fort dépourvue
Quand la Bise fut venue :
Pas un seul petit morceau
De mouche ou de vermisseau !
Elle alla crier famine
Chez la fourmi sa voisine,
La priant de lui prêter
Quelque grain pour subsister
Jusqu'à la saison nouvelle.
« Je vous paierai, lui dit-elle,
Avant l'Août, foi d'animal,
Intérêt et principal. »
La fourmi n'est pas prêteuse :
C'est là son moindre défaut.
« Que faisiez-vous au temps chaud ?
Dit-elle à cette emprunteuse.
— Nuit et jour à tout venant
Je chantais, ne vous déplaise.
— Vous chantiez ? j'en suis fort aise :
Eh bien ! dansez maintenant. »

La fable *La Cigale et la Fourmi* de Jean de La Fontaine nous enseigne déjà l'importance du travail : il vaut mieux travailler maintenant plutôt que de remettre à plus tard ! La fourmi qui travaille dur a assez de provisions pour l'hiver pour être autonome et indépendante, alors que la cigale qui chante et procrastine se retrouve dans une situation compliquée, voire critique !

En procrastinant, nous devenons victime de notre propre comportement. **Eh oui, une des plus grandes erreurs est de croire que vous travaillerez pour quelqu'un d'autre que vous-même !** Mais il ne sert à rien de se lamenter : acceptez simplement que vous êtes responsable de vos actions comme de vos inactions, sans jugement ni culpabilité. La personne qui accepte sa procrastination et comprend les raisons de son inertie peut apprendre à faire les bons choix pour aller de l'avant.

L'incapacité à prendre des décisions

L'indécision est une autre cause de procrastination, car elle occasionne une difficulté à définir un objectif clair, à se lancer, à passer le cap. Pour certaines personnes, « décider » est synonyme de « renoncer » (à toutes les autres options). Bien sûr, collecter un maximum de ressources et d'informations avant de prendre une décision en toute connaissance de cause est productif et utile, mais certaines personnes semblent incapables de passer à l'acte, avec pour résultat de se voir imposer une décision prise par d'autres. Mais avis aux indécis : procrastiner est une décision, celle de ne pas agir, de volontairement reporter à plus tard. Peut-être vous cachez-vous derrière cette (in)décision pour ne pas être tenu responsable d'un éventuel échec ? Il est temps de changer !

SOLLICITEZ LA CRÉATIVITÉ DE VOTRE INCONSCIENT

☞ Décider, c'est faire un choix. Pour qu'un rêve se matérialise, vous devez faire ce premier pas essentiel, sous peine de ne pas générer la dynamique suffisante pour accéder à la suivante, puis à celle d'après.

Dressez la liste de toutes les options et possibilités qui s'offrent à vous, de manière affirmative et exhaustive. Attention, avec une seule option, vous n'avez pas le choix, avec deux options, vous avez un dilemme. Le vrai choix commence avec trois options...

→ Marquez chacune de vos options sur un post-it et disposez-les sur le sol à des endroits distincts. Si possible, utilisez des post-it de couleurs différentes.

→ Positionnez-vous sur un post-it et projetez-vous dans l'avenir, en imaginant en détails les différentes conséquences du choix de cette option. Puis, adoptez la posture physique qui selon vous correspond au résultat de ce choix. Gardez cette posture un moment pour bien observer son effet sur vos pensées et ressentis.

→ Visitez ainsi tous les post-it en éliminant au fur et à mesure toutes les options « inconfortables » pour vous.

Si vous n'arrivez pas à prendre une décision maintenant, décidez au moins à quel moment précisément vous allez la prendre : demain matin à 10h, mercredi prochain à midi...

Faites votre autodiagnostic

Le but est de remonter aux origines afin de découvrir ce qui nourrit votre tendance à procrastiner. Installez-vous, crayon et papier en main, et prenez un moment pour identifier les sources de vos déceptions, vos insatisfactions et vos difficultés majeures. Tentez de mettre le doigt sur des facteurs précis, afin de trouver des moyens d'agir, plutôt que de rester dans le vague.

Rappelez-vous : pour organiser un voyage, vous avez besoin de connaître votre point de départ !

JE DONNE CORPS À MES INTENTIONS

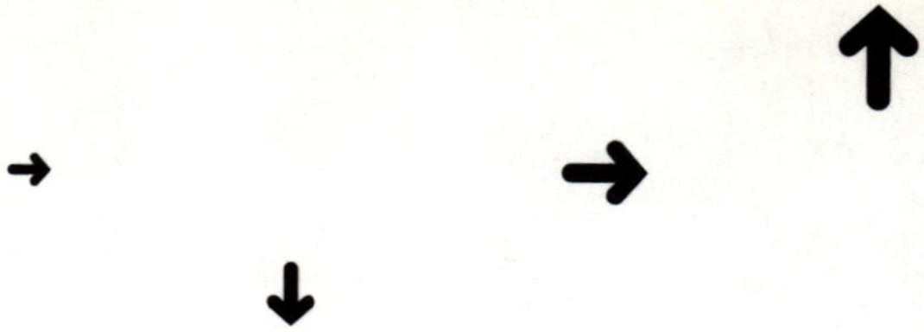

La procrastination entraîne la désorganisation (mauvais planning, absence de priorisation, difficulté à gérer son temps), ce qui ne fait qu'empirer les choses.

Quelle que soit la source de votre inertie, apprendre à organiser votre temps et vos efforts vous permettra d'inverser la tendance et de donner corps à vos intentions. Pour créer une boucle vertueuse de réussite, vous avez besoin d'un plan d'action, comme un voyageur a besoin d'une carte routière pour trouver le chemin vers sa prochaine destination.

Voici les 5 étapes du plan pour donner corps à vos intentions :

➜ Définir des objectifs réalistes et ambitieux.
➜ Prioriser ses actions.
➜ Planifier son activité et ses ressources.
➜ Se lancer !
➜ Célébrer ses accomplissements.

À chaque étape, prenez soin de noter la manière dont vous procédez et les émotions que vous ressentez. Ces observations vous aideront par la suite à surmonter vos périodes de doute. Bon courage !

Donnez-vous une vision précise du but

Vous avez pris conscience de votre situation actuelle, c'est là votre point de départ. Maintenant, avant de vous préoccuper des moyens, du « comment », l'heure est venue pour vous de définir votre objectif, c'est à dire votre destination.

Clarifiez vos objectifs majeurs : cela vous permettra de donner une direction précise à votre intention, d'apporter un sens à vos actions et de découvrir la valeur des étapes et sous-objectifs qui y sont associés (d'autant plus si la chaîne d'action est longue).

Avoir des objectifs clairs, bien définis et valables aide beaucoup ! Vous aurez alors une détermination ciblée qui affectera tout ce que vous faites, vous collera à la peau et vous suivra partout. Vous verrez : votre posture se modifiera, votre poignée de main se raffermira, votre tenue vestimentaire sera plus soignée, votre ton de voix sera plus confiant, vos sentiments seront plus sûrs, votre vision s'élargira, vos lectures seront mieux choisies, vos fréquentations seront plus appropriées et, surtout, vous apprendrez à organiser votre temps.

« Pour être gagnant, il y a une qualité à posséder : une vision précise du but, soit la connaissance de ce qu'on veut et le désir ardent de l'obtenir. »

Napoleon Hill

Le PC VAREM

Nous avons souvent l'habitude de fixer des objectifs dans le domaine professionnel. Or, comme nous l'avons vu, pour vivre une vie équilibrée il est important de vous fixer des objectifs dans tous les domaines qui comptent pour vous.

Une méthode efficace consiste à explorer votre objectif, le vérifier et le mettre en perspective à l'aide des 7 points clés suivants, abrégés sous l'acronyme « PCVAREM ».

Vérifiez que votre objectif est :

Positif

Tout d'abord, formulez votre souhait de changement (la direction de votre intention) en termes positifs. Il est important de s'exprimer de manière affirmative car notre cerveau ne peut avoir de représentation négative, la négation étant un concept abstrait. Si je vous dis : « Ne pensez pas à un cercle jaune », vous allez d'abord vous construire une représentation d'un cercle jaune avant d'essayer de ne pas y penser. Ainsi, un objectif comme « Ne plus remettre à plus tard ce travail à rendre » va focaliser l'attention de votre cerveau sur « remettre à plus tard ».

➜ Que voulez-vous obtenir ?

➜ Que voulez-vous changer ?

➜ Quel est votre objectif ?

Contextualisé

Vos objectifs devront être les plus précis possible. Par exemple, « Être plus heureux » est bien trop vague. Précisez plutôt : « Passer dès maintenant un soir par semaine à la maison avec mes enfants ». Pour vous empêcher de les remettre à plus tard, vous devez décider d'une date limite de réalisation pour chacun de vos objectifs. Ce genre de limite positive contribue à réaliser les choses.

➜ Où, quand et avec qui voulez-vous atteindre votre objectif ?

➜ Dans quel contexte et quelles circonstances voulez-vous réaliser votre objectif ?

Vérifiable

L'atteinte de votre objectif se vérifiera par des preuves sensorielles internes et externes (observables par vous et par les autres), à court et à long terme. Définissez vos critères de réussite et la manière dont vous allez les mesurer.

➜ Comment saurez-vous que vous avez atteint votre objectif ?

➜ Que verrez-vous, qu'entendrez-vous, que ressentirez-vous à ce moment-là ?

➜ À quoi penserez-vous ?

➜ Que pourra-t-on observer de vous quand vous aurez atteint votre objectif ?

Atteignable

Vos objectifs doivent être personnels et correspondre à vos propres valeurs. Leur réalisation relève de votre responsabilité et de votre contrôle à 100 %. En d'autres termes, le changement que vous souhaitez doit être initié et maintenu par vous.

➜ De qui dépend la réalisation de votre objectif ?

➜ Quel est votre rôle ?

➜ Qui prend les décisions ?

➜ Cet objectif est-il bien sous votre contrôle ?

Réaliste et réalisable

La réalisation de votre objectif va vous demander de vous dépasser, mais gardez les pieds sur terre. Il faut impérativement que votre objectif soit à votre portée et respecte vos contraintes et limites. Pour éviter de vous décourager ou d'essuyer un échec, évaluez précisément les connaissances, les compétences, les moyens et les ressources à apporter, l'aide et le temps nécessaires à la réalisation, les obstacles à lever, les étapes et les sous-objectifs.

➜ De quoi avez-vous besoin pour atteindre l'objectif ?

➜ Qu'avez-vous besoin d'apprendre ?

➜ Quels sont les éventuels alliés ?

➜ Quelles sont les différentes étapes ?

➜ Quelle est la première étape ?

➜ Qu'est-ce qui pourrait vous empêcher d'atteindre votre objectif ?

➜ Comment pouvez-vous contourner l'obstacle ou ajuster votre objectif ?

Écologique

L'atteinte de votre objectif va vous demander des efforts et des sacrifices, et aura des conséquences sur votre équilibre interne et externe. Il vous attire par la représentation que vous vous en faites, mais vous ne savez pas à quoi vous attendre réellement. Un objectif écologique respecte le système familial, professionnel, social dans lequel vous vivez. Un objectif non-écologique pourra vous retenir de vous engager pleinement et empêcher la réalisation du projet. Si nécessaire, changez d'objectif ou ajustez-le en fonction de ce que vous aurez découvert.

➜ Quel est le risque ou l'inconvénient à atteindre votre objectif ?

➜ Quel est le bénéfice de ne pas l'atteindre ?

➜ Quelles seraient les retombées pour vous et votre entourage ?

➜ Qu'est-ce qui vous a empêché d'apporter ce changement dans le passé ?

➜ Quels autres changements vont être générés une fois que vous aurez atteint votre objectif ?

Motivant

L'objectif doit être valable et justifier les efforts à fournir. Ce dernier point vous permet d'explorer les bénéfices ou les récompenses que vous retirerez à accomplir votre objectif. Plus vos raisons de réussir sont précises, fortes et importantes, plus vous arriverez à observer la discipline pour parvenir à vos fins. Il est essentiel que votre engagement ait des bénéfices certains et déclenche un niveau d'énergie suffisant pour agir.

➜ Que vous apportera la réalisation de votre objectif ?

➜ Pour quelles raisons exactement voulez-vous réaliser cet objectif ?

➜ Qu'est-ce qui est important dans la réalisation de cet objectif ?

➜ Cet objectif vaut-il tous les efforts qu'il suppose ?

« Il n'y a pas de vent favorable pour celui qui ne connait pas son port. »
Sénèque

Explorez les 7 points en détails, seul ou accompagné par une personne bienveillante. Écrivez votre objectif et ces différents éléments, et prenez l'habitude de le relire tous les matins au lever et tous les soirs avant de vous coucher. Inscrivez-le dans votre agenda afin de l'avoir sous les yeux quotidiennement. Lisez-le minutieusement et autant de fois que vous pouvez.

Objectif atteint !

Quand j'étais enfant, j'ai dû faire face à une contradiction que je vivais à l'intérieur de moi-même. À l'époque, j'aimais déjà beaucoup les livres, et pourtant j'avais systématiquement la flemme d'aller à la bibliothèque pour rendre ceux que j'avais empruntés et en chercher d'autres. Mais, une fois dans les différents rayons, je prenais beaucoup de plaisir à découvrir des livres intéressants, je me sentais très bien et ne voulais plus partir.

La technique qui suit, et que j'ai naturellement adoptée quand j'étais jeune fille, m'a permis de dépasser cette flemme et je l'utilise aujourd'hui dans de nombreux contextes. Et ça fonctionne !

Comme dans le *tameshiwari* (le fameux test de casse en art martial), la technique consiste à poser son regard légèrement au-delà de la planche en bois ou la brique à casser. Dans notre contexte, cela signifie se positionner légèrement après l'atteinte de l'objectif.

Installez-vous dans un endroit calme. Assis ou couché, fermez tranquillement les yeux et procédez comme suit :

➜ Exprimez votre objectif (Où voulez-vous aller ? Où se situe votre ligne d'arrivée ?)

➜ Respirez profondément et détendez-vous.

➜ Passez quelques minutes à imaginer le résultat que vous souhaitez, non pas comme une possibilité, mais comme une réalité. Vivez la réussite de votre objectif, voyez les effets pour vous et votre entourage dans les moindres détails, comme si c'était déjà fait.

➜ Ressentez les bénéfices d'avoir terminé et observez vos pensées pendant quelques minutes.

➜ Ouvrez les yeux, regardez votre environnement.

➜ Faites ce que vous avez à faire...

Bien sûr, la puissance de cet exercice augmente avec la pratique et la répétition. Faites-le aussi souvent que vous pouvez et au moins une fois par jour. Vous verrez, vos actions deviendront plus faciles et fluides, et des situations et opportunités favorables à votre objectif apparaîtront...

« Le meilleur moyen de se préparer à atteindre un objectif, c'est de s'imaginer qu'on l'a déjà atteint. »

Dominique Glocheux

Créer son poster

Une autre façon de faciliter l'accès à la réalisation d'une tâche ou d'un projet est de créer une ancre visuelle sous forme de poster.

➜ Prenez du matériel (ciseaux, colle, scotch, feuilles A3, magazines, feutres).

➜ Fermez les yeux, imaginez la tâche terminée, pensez aux résultats et aux bénéfices. Ne vous focalisez pas sur le « pendant », projetez-vous dans « l'après » : les effets de vos actions, comment votre vie sera une fois l'objectif atteint, etc.

➜ Puis, feuilletez les magazines et prélevez les images et les textes qui vous inspirent, qui vous connectent à ce moment dans le futur.

➜ Fabriquez une composition de tous vos prélèvements, de manière totalement instinctive.

➜ Affichez votre poster dans un endroit où vous le verrez facilement.

Facultatif : partagez avec un(e) ami(e) bienveillant(e) les différents éléments de votre composition, en l'invitant à vous poser des questions.

Comment mange-t-on un éléphant ?

Vos objectifs majeurs sont des projets ambitieux, importants pour vous, qui s'inscrivent dans le temps. Décomposez-les en étapes individuelles puis en listes d'actions. Cela vous permettra de :

➜ Transformer des échéances lointaines en délais quotidiens, et ainsi d'éviter d'être démotivé par une réussite éloignée dans le temps.

➜ Savoir par où commencer, et ne pas vous sentir submergé ou bloqué.

➜ Trouver le bon équilibre entre le défi à relever et ce dont vous êtes capable aujourd'hui.

➜ Développer une habitude de persévérance et d'effort.

➜ Progresser dans le plaisir et la satisfaction.

Par la suite, vos objectifs devront être spécifiques, vous saurez ainsi exactement à quel moment vous les aurez atteints. Si vous pouvez visualiser chaque étape du chemin vers la réussite, c'est encore mieux !

Alors, comment mange-t-on un éléphant ? Cuillère par cuillère !

Le temps juste

Planifier son travail permet de baisser l'anxiété et de développer une meilleure conception du temps. Selon certains spécialistes, les proportions d'occupation idéale d'une journée d'activités sont les suivantes :

→ 60 % de temps consacré aux activités planifiées.

→ 20 % de temps consacré aux activités imprévues.

→ 20 % de temps consacré aux activités libres et sources de créativité.

Très souvent, la procrastination est renforcée par une déformation du mécanisme d'évaluation du temps. Autrement dit, nous avons du mal à évaluer le temps que va prendre une tâche et le temps qu'il nous reste pour l'accomplir. Dans ce cas, comment faire ?

Estimez le temps que va prendre une activité, puis doublez ce temps. Il vaut mieux avoir de la marge et terminer avant l'heure plutôt que d'affronter le stress d'être en retard.

La valeur du temps

Pour apprendre la valeur d'une année, demande à l'étudiant
qui a raté un examen ;
Pour apprendre la valeur d'un mois, demande à la mère
qui a mis un enfant au monde trop tôt ;
Pour apprendre la valeur d'une semaine, demande à l'éditeur
d'un journal hebdomadaire ;
Pour apprendre la valeur d'une heure, demande aux fiancés
qui attendent de se revoir ;
Pour apprendre la valeur d'une minute, demande à celui
qui a raté son train, son bus ou son avion ;
Pour apprendre la valeur d'une seconde, demande à celui
qui a perdu quelqu'un dans un accident ;
Pour apprendre la valeur d'une milliseconde, demande à celui
qui a gagné une médaille d'argent aux Jeux Olympiques ;
Le temps n'attend personne. Rassemble chaque instant
qu'il te reste et il sera de grande valeur. Partage-les avec
une personne de choix et ils deviendront encore plus précieux.

Poème anonyme

Le principe de Pareto

Élaborée par l'économiste et sociologue italien Vilfredo Pareto en 1896, la loi de Pareto est aussi connue sous le nom de « la règle des 80/20 ». Elle est basée sur l'observation que seuls 20 % des actions vont créer 80 % des résultats (positifs ou négatifs) et préconise de se concentrer d'abord sur les choses les plus importantes, celles qui vont avoir le plus d'effet.

Dans un contexte de procrastination, cette règle incite à faire le tri entre ce qui vaut vraiment le coup et le reste. En effet, si vous avez du mal à compléter une tâche, à quoi bon vous éparpiller ? Autant vous concentrer sur le cœur du problème, commencer chaque journée par les tâches qui ont le plus d'impacts positifs pour s'atteler aux tâches accessoires en fin de journée. Pour que cette loi soit appliquée avec succès, vous avez besoin de hiérarchiser vos priorités en dissociant notamment l'urgent de l'important, d'apprendre à dire non (ou de faire taire votre perfectionnisme) et de savoir déléguer. Si vous ne pouviez travailler que 2 heures par jour, demandez-vous quelles activités seraient véritablement essentielles.

« Ce que vous décidez de ne pas faire est tout aussi important que ce que vous décidez de faire. »

Steve Jobs

Prioriser comme un président

Dwight David Eisenhower, 34e président des États-Unis (entre 1953 et 1961) fut sujet à la procrastination. Il a donc initié la « matrice d'Eisenhower », aujourd'hui mondialement connue et appliquée. Personnellement, je l'utilise depuis plusieurs années avec succès, et je l'ai vu aider grand nombre de mes proches, collègues et clients.

Un jour, Eisenhower aurait déclaré : « Ce qui est important est rarement urgent et ce qui est urgent est rarement important ». Cette philosophie donne une méthodologie qui permet d'évaluer, de prioriser et de planifier vos activités, selon 4 niveaux de valeur :

1. Problèmes : les tâches importantes et urgentes qui méritent votre attention immédiate

➜ Grâce à la pression du temps et la « valeur » de ces tâches, la tendance à les procrastiner sera généralement faible.

2. Déviations : les tâches urgentes, pas importantes (pour vous), à exécuter vous-même ou à déléguer rapidement

➜ Généralement, la pression du temps freine la tendance à procrastiner mais leur faible valeur pour vous peut inciter à les déléguer.

3. Préparations : les tâches importantes, pas urgentes, qu'il est possible de déléguer ou de programmer plus tard.

➜ En l'absence d'échéance proche, la tendance à procrastiner peut être forte.

4. Distractions : les tâches pas importantes, pas urgentes, qu'il vaut mieux laisser tomber

➜ Au vu de la faible importance et urgence de ces tâches, il vaut mieux procrastiner utile.

Voilà comment je mets la matrice d'Eisenhower en application dans ma planification :

Première étape : la *to do list* globale

Cette première étape consiste à dresser et maintenir la liste de l'ensemble des projets, activités et tâches que j'ai devant moi, dans un fichier sous forme de tableau (type Excel).

Cette liste inclut des petites tâches, comme des coups de téléphone importants, mais aussi des gros projets, que je décompose ensuite en étapes et sous-objectifs. J'ai rajouté une deuxième colonne « Prochaine action » où j'enregistre mes sous-objectifs par ordre chronologique.

Pour vous aider à dresser votre liste, vous pouvez vous servir de la technique du *brainstorming*, un outil très intéressant pour créer des idées, détailler un objectif ou visiter le périmètre complet d'une situation. Contrairement à la croyance populaire, le nom de cette technique ne vient pas du mot anglais *storm* (tempête), mais du verbe *to storm* qui veut dire « prendre d'assaut ». « Brainstormer » revient donc à « attaquer », seul ou à plusieurs selon le contexte, un thème ou un périmètre par tous les côtés, pour faire venir et enregistrer toutes les idées les plus farfelues comme les plus sérieuses, sans filtre, censure ou critique.

Deuxième étape : la priorisation

La deuxième étape consiste à prioriser ces tâches et actions en fonction de leur urgence et importance. Pour ce faire, j'ai créé trois colonnes à côté des premières de ma liste :

- ➜ Priorité (de 1 à 4) selon la hiérarchie « Eisenhower » ;
- ➜ Durée ;
- ➜ Date d'échéance.

Troisième étape : la *to do list* du jour

Avant de démarrer mon travail le matin, je planifie en quelques minutes sur une feuille les tâches sélectionnées pour la journée selon les proportions suivantes :

1. Problèmes : 30 %

2. Déviations : 20 % (je laisse un peu de temps pour les tâches imprévues)

3. Préparations : 50 %

4. Distractions : 0 % (j'abandonne les distractions ou décide de m'en occuper en dehors de mon temps de travail)

À chaque fois que je termine une activité, je la raye par un grand trait de crayon pour marquer le coup. C'est extrêmement satisfaisant !

Les tâches que je n'ai pas pu terminer dans la journée sont réintégrées à la liste et replanifiées au lendemain.

☞ Attention à ce que la planification ne devienne pas une façon de procrastiner. Elle ne devra pas prendre plus de 8 minutes chaque jour. Après, il faut passer à l'action !

Vous pouvez prendre exemple sur le modèle qui suit :

	URGENT	PEU URGENT	
IMPORTANT	**I : PROBLÈMES** Missions / tâches importantes et urgentes ➜ *à exécuter soi-même immédiatement*	**III : PRÉPARATIONS** Missions / tâches importantes et non-urgentes ➜ *à déléguer ou à reporter*	IMPORTANT
PEU IMPORTANT	**II : DÉVIATIONS** Missions / tâches urgentes et moins importantes ➜ *à exécuter ou à déléguer rapidement*	**IV : DISTRACTIONS** Missions / tâches non-urgentes et peu importantes ➜ *à abandonner*	PEU IMPORTANT
	URGENT	PEU URGENT	

Mangez la grenouille

Oui, je sais, encore une histoire de grenouilles. Décidemment !

Il y a un vieux dicton qui dit : « Si la première chose que vous faites quand vous vous réveillez le matin est de manger une grenouille vivante, alors rien de pire ne pourra se produire durant le reste de la journée ! ».

Selon le coach et auteur américain Brian Tracy, votre grenouille est l'élément le plus difficile sur votre liste de choses à faire, celui que vous êtes le plus susceptible de procrastiner. Si vous le « mangez » d'abord, il vous donnera de l'énergie et l'élan pour le reste de vos tâches. Mais si vous le laissez de côté pendant que vous faites une centaine de choses sans importance, il peut vider votre énergie sans que vous ne vous en rendiez compte...

Dans son livre *Eat the Frog*, Brian Tracy propose d'organiser vos priorités en mettant volontairement en haut de la liste l'action de la journée qui vous fait le moins envie. Selon lui (et je confirme l'efficacité du principe), si vous complétez d'abord les tâches les moins attirantes, vous profiterez d'une recrudescence d'énergie et d'un sentiment d'accomplissement très favorable à votre dynamique de travail pour le reste de la journée.

Êtes-vous prêt à manger votre grenouille ?

La priorisation par les minéraux

Découvrez une autre façon d'aborder la priorisation à travers l'histoire qui suit.

Un vieux professeur fut engagé pour donner une formation sur la planification efficace du temps à une quinzaine de PDG. Debout devant ce groupe de dirigeants, le vieil homme les regarda un par un, lentement, puis leur dit : « Nous allons réaliser une expérience ».

Le professeur sortit alors un immense pot en verre qu'il posa en face de lui. Il y introduisit une douzaine de cailloux gros comme des balles de tennis. Lorsque le pot fut rempli jusqu'au bord et qu'il fut impossible d'y ajouter un caillou de plus, il leva lentement les yeux vers ses élèves et leur demanda : « Est-ce que ce pot est plein ? » Tous répondirent : « Oui ». Il attendit quelques secondes et ajouta : « Vraiment ? »

Alors, il se pencha de nouveau et sortit de sous la table un récipient rempli de gravier. Avec minutie, il versa ce gravier sur les gros cailloux puis brassa légèrement le pot. Les morceaux de gravier s'infiltrèrent entre les cailloux, jusqu'au fond du pot. Le vieux prof leva à nouveau les yeux vers son auditoire et redemanda : « Est-ce que ce pot est plein ? » Cette fois, les élèves commençaient à comprendre son manège. L'un d'eux répondit : « Probablement pas ! » « Bien ! » répondit le vieux prof.

Il se pencha de nouveau et, cette fois, sortit de sous la table un seau de sable. Avec attention, il versa le sable dans le pot. Le sable alla remplir les espaces entre les gros cailloux et le gravier. Encore une fois, il demanda : « Est-ce que ce pot est plein ? » Cette fois, sans hésiter et en chœur, les élèves répondirent : « Non ! ». « Bien ! » répondit le vieux prof.

Et comme s'y attendaient ses prestigieux élèves, il prit le pichet qui était sur la table et remplit d'eau le pot jusqu'à ras bord. Le vieux prof leva alors les yeux vers son groupe et demanda : « Quelle grande vérité nous démontre cette expérience ? »

Le plus audacieux des élèves, songeant au sujet de ce cours, répondit : « Cela démontre que même lorsqu'on croit que notre agenda est complètement rempli, si on le veut vraiment, on peut y ajouter plus de rendez-vous, plus de choses à faire. » « Non », répondit le professeur, « Ce n'est pas cela. La grande vérité que nous démontre cette expérience est la suivante : si on ne met pas les gros cailloux en premier dans le pot, on ne pourra jamais les faire entrer tous ensuite. » Il y eut un profond silence, chacun prenant conscience de l'évidence de ces propos.

Quels sont les gros cailloux de votre vie ? Votre santé ? Votre famille ? Vos amis ? Réaliser vos rêves ? Faire ce que vous aimez ? Apprendre ? Défendre une cause ? Vous relaxer ? Prendre le temps ? Ou autre chose ?

Occupez-vous de vos gros cailloux en premier. Si vous donnez priorité aux peccadilles (le gravier, le sable), vous remplirez votre vie de choses secondaires et vous n'aurez plus de temps à consacrer aux éléments les plus importants.

Une histoire de masse

Pour la majorité des gens qui ont l'habitude de la procrastination, c'est le fait de débuter un travail qui se révèle le plus difficile (et pas uniquement la première fois). La procrastination est étroitement reliée au concept physique de l'inertie. Il a été scientifiquement prouvé qu'une masse au repos tend à rester au repos et qu'au contraire une masse en mouvement tend à rester en mouvement. Bien sûr, il faut de l'énergie et de la force pour provoquer un mouvement chez une masse au repos, mais une fois l'action démarrée, le mouvement devient plus facile et fluide.

Rappelez-vous donc qu'un minimum d'énergie sera toujours nécessaire pour initier vos actions. **Tout le monde peut modifier ses habitudes, à condition d'y aller progressivement et de faire preuve d'un peu de volonté, de confiance et de patience !**

Stop aux nœuds de cerveau

Passer tout son temps à contempler sa procrastination peut devenir un acte de procrastination en lui-même. Souvent d'ailleurs, la ligne de départ est le plus grand obstacle à franchir.

Respirez profondément, éloignez vos pensées de tout ce qui entoure la tâche ou le projet, et consacrez quelques minutes à y travailler concrètement. Il est reconnu que plus on progresse vers l'atteinte d'un objectif, plus on est motivé à poursuivre. C'est au cours de la réalisation d'un travail que les bonnes intentions deviennent une réelle motivation à effectuer le travail. En ce sens, rappelez-vous qu'il est inutile d'attendre de se sentir prêt et motivé avant de commencer. La motivation vient après l'action. Ce principe s'applique dans tous les domaines.

« Un voyage de mille lieues commence toujours par un premier pas. »

Lao Tseu

Lorsque vous acceptez le défi de poursuivre ce que vous croyez être important pour vous et d'affronter votre procrastination, vous pouvez vous attendre à ressentir de la réticence et de la résistance. Plutôt que de résister à ces ressentis, acceptez-les et continuez vos efforts jusqu'à ce que, petit à petit, la résistance s'estompe. Vous cultiverez ainsi votre efficacité et vous confirmerez à votre cerveau limbique (le cheval) que ce malaise n'est pas dangereux.

Planifier des périodes de travail courtes mais fréquentes aide à se mettre à la tâche. Le plus important n'est pas le résultat mais plutôt le fait de se lancer, tout particulièrement au départ. Par la suite vous aurez l'occasion d'améliorer votre efficacité.

Remède contre la leucosélophobie

Le phénomène de « leucosélophobie » fait référence à la peur de la page blanche.

Si vous voulez créer, que ce soit par l'écriture ou tout autre mode d'expression, commencez par mettre noir sur blanc quelques ébauches d'idées, quelques mots ou pensées et ce, le plus tôt possible. Ensuite, enrichissez, ajustez, peaufinez au fur et à mesure. Si vous souhaitez tout sortir d'un coup, vous vous démotiverez très vite et repousserez sans cesse votre date de sortie. Il est bien plus simple d'accepter de réaliser les choses progressivement, un pas après l'autre, et d'apprécier cette sensation d'avancement et de bien-être à chaque pas effectué.

2 minutes, c'est rien !

L'inertie entraîne une attitude pessimiste, alors que s'impliquer dans une activité par une participation active cultivera une attitude positive et optimiste. Or, pour beaucoup, il est difficile de commencer. L'exercice qui suit joue sur une mécanique psychologique ; dans notre perception du temps, 2 minutes ne représentent pas grande chose...

Une première application de cette mécanique consiste à identifier dans votre liste d'actions du jour toutes les tâches qui vous prendront moins de 2 minutes, et de vous en occuper tout de suite pour vous en débarrasser. Une fois le mouvement entamé, vous passerez aux tâches plus longues.

Qu'avez-vous à faire d'urgent et d'important, qui prendra moins de 2 minutes ? Faites-le maintenant !

Bien sûr, cela ne vous permettra pas d'atteindre tous vos objectifs (certains nécessitant bien plus de temps), mais 2 minutes peuvent permettre de lancer la balle et de contrer la difficulté à commencer.

Ce principe fonctionne aussi bien pour les petits que les grands projets. À partir du moment où vous commencez quelque chose, il est probable que vous vous preniez au jeu et que vous ayez envie de continuer à vous en occuper. Et vous verrez que plein de bonnes choses peuvent arriver dès que vous vous y mettez.

→ Si vous voulez écrire, commencez par le faire pendant 2 minutes. Il y a de grandes chances pour qu'une fois lancé, vous poursuiviez pendant 1 heure !

→ Si vous voulez lire davantage, commencez par lire pendant 2 minutes et, avant même que vous ne vous en rendiez compte, vous aurez lu trois chapitres !

→ Si vous voulez courir trois fois par semaine, le lundi, le mercredi et le vendredi, chaussez vos baskets et sortez de chez vous. Cela vous prendra 2 minutes et très rapidement vous finirez par courir régulièrement !

Cette variante de la règle des 2 minutes n'a pas pour but d'influencer les résultats que vous obtiendrez, mais plutôt de vous motiver à faire les choses. L'important est de passer à l'action puis de faire confiance au processus, de laisser les choses se faire.

N'attendez pas, essayez maintenant. C'est parti, à tout à l'heure !

Petit bout par petit bout

Une autre manière, surprenante mais très efficace, pour combattre l'inertie est de vous engager 5 minutes dans une activité liée à un projet que vous procrastinez.

Identifiez dans votre *to do list* du jour une tâche importante et urgente que vous avez du mal à démarrer et qui va pouvoir déclencher le mouvement. Décidez d'y consacrer 5 minutes, montre en main, pas une de plus. Une fois les 5 minutes écoulées, voyez si vous voulez continuer encore 5 minutes ou pas. Ce minutage vous aidera à atténuer l'impression d'effort et vous constaterez qu'il est beaucoup plus facile, voire tentant, de garder votre élan. Il y a fort à parier que vous serez échauffé et prêt à continuer, ayant dépassé la difficulté du premier pas. Continuez donc à travailler par intervalle de 5 minutes jusqu'à ce que vous décidiez d'arrêter. Passez alors quelques minutes à préparer votre prochaine action afin qu'il soit plus facile d'y retourner.

Par bout progressif

Cette variante permet également d'amener votre esprit à dire oui à l'action, à faire le premier pas, cette fois-ci en adressant plusieurs tâches ou actions en parallèle.

Choisissez entre 2 et 4 actions urgentes et importantes dans votre *to do list* du jour. Faites un premier tour où vous vous consacrez à chaque tâche pendant 5 minutes (pas plus). Pour bien marquer le temps alloué, faites sonner votre téléphone au bout de chaque période et forcez-vous à arrêter. Puis démarrez un second tour où chaque tâche est prise en charge pendant 10 minutes. Lors du troisième tour, vous allez consacrer 15 minutes à chaque tâche. Continuez ainsi jusqu'à ce que les activités soient terminées (ou qu'il est l'heure d'aller vous coucher). Vous serez surpris de vos ressentis et de vos résultats !

La méthode tomate

Les périodes de travail trop longues sont démotivantes, car la capacité de concentration de notre cerveau est d'environ 20 à 25 minutes maximum. Au-delà, on a tendance à travailler plus lentement, moins efficacement et surtout, à avoir l'impression de ne pas avancer.

La technique Pomodoro, ou en français « la technique de la tomate », a été mise au point par Francesco Cirillo à la fin des années 1980. Son nom fait référence au minuteur de cuisine et sa philosophie consiste à se concentrer pleinement à une seule tâche pendant une période de 20 à 25 minutes. Il s'agit d'une façon simple, facile et redoutablement efficace, qui tient compte de nos capacités cérébrales, aide à augmenter notre concentration et permet de multiplier ses résultats.

Depuis un certain temps, je suis une adepte de cette méthode particulièrement pratique et stimulante pour les « gros travaux » que j'ai tendance à procrastiner. Elle me donne une structure, de l'énergie et le sentiment d'être efficace et productive. Je l'utilise notamment lors de mes travaux d'écriture.

➜ Tout d'abord, j'identifie dans ma *to do list* une tâche susceptible de me prendre au moins 20 minutes (voire beaucoup plus).

➜ Ensuite, pendant 20 minutes, je ne me focalise que sur la réalisation de cette tâche. Je ne me laisse pas distraire par quoi que ce soit d'autres. Je ne peux pas interrompre cette activité pour autre chose et revenir ensuite à la tâche initiale. Et surtout, je ne peux poursuivre au-delà des

20 minutes, même si je pense pouvoir terminer la tâche avec quelques secondes de plus. Je vous garantis que même si le démarrage est difficile la sonnerie du minuteur provoque à chaque fois de la frustration et la folle envie de continuer...

➜ Je fais ensuite une pause de 2 à 3 minutes, pendant lesquelles je me lève (très important) pour faire quelques étirements, boire un verre d'eau, regarder par la fenêtre, faire une pause technique. Puis je me rassieds, je relance le minuteur pour 20 minutes et je m'y remets.

➜ Après trois « tomates » (phases de travail), je fais une pause plus longue de 15 minutes, pendant lesquelles je m'autorise à faire ce que je veux.

➜ Pour finir, après 3 cycles de 3 « tomates », je fais une pause d'1 heure, généralement pour déjeuner, goûter ou diner.

➜ En fin de journée, ayant gardé une trace de toutes mes « tomates » de la journée, il ne me reste plus qu'à faire le bilan, pour savoir combien de temps j'ai consacré à chacune des tâches, chercher des pistes de progression et préparer ma liste de « tomates » du lendemain.

Je vous invite à tester cette méthode au moins une fois, cela ne vous prendra qu'une petite demi-heure !

Pour plus d'informations, consultez le site www.pomodorotechnique.com (en anglais)

Pendant votre temps de travail, pensez à éliminer toute source de distraction. Il faut un certain temps pour se concentrer, et toute interruption sera néfaste pour votre niveau de productivité. Il est recommandé de mettre votre téléphone en mode silencieux, de fermer vos connections à Facebook et autres réseaux sociaux, de strictement limiter vos visites sur internet et à votre boite d'emails aux consultations nécessaires à votre travail, d'accrocher un « Ne pas déranger » sur la porte de votre bureau...

À une époque où je travaillais en open space, les salariés avaient à leur disposition des gros casques rouges pour indiquer qu'ils ne voulaient pas être dérangés.

Bien sûr, s'il vous est impossible d'éviter une interruption de travail, calculez le temps d'arrêt et additionnez-le à la période déjà entamée une fois de retour à votre tâche.

Au lieu de fonctionner avec un objectif « chemin » qui consiste à faire quelque chose pendant un laps de temps, vous pouvez opter pour un objectif « résultat », qui consiste à terminer quand un certain résultat est atteint. À titre d'exemple, un écrivain peut choisir entre écrire pendant 1 heure ou écrire 500 mots.

Adoptez l'objectif qui vous correspond le mieux !

Cultivez des carottes

Savez-vous reconnaître vos efforts et apprécier vos accomplissements ?

Les récompenses sont des moteurs puissants pour donner de la valeur à nos actions, nous motiver à avancer et faire notre travail. C'est très aidant de savoir quelle sont les récompenses que nous aimons, que ce soit une visite au musée, une bonne glace, un auto-compliment, une rencontre ou un achat frivole.

Dressez la liste de toutes les récompenses que vous aimez et que vous pourriez vous accorder, de la plus petite à la plus grande.

Si certaines personnes sont plus motivées par une carotte, d'autres fonctionnent mieux avec le fouet. Si c'est votre cas, mettez en place une (petite) punition pour le cas où vous vous égarez de votre chemin. Par exemple, privez-vous de dessert lorsque vous n'avez pas réussi à aller à la salle de gym pour vous entraîner, ou bien confiez une somme d'argent à un ami qui le donnera à une œuvre de charité la première fois que vous reniez votre engagement.

Le journal de vos succès

Faites l'effort d'enregistrer ce qui est fait, et pas seulement ce qui reste à faire. Sur votre téléphone, dans un joli cahier, à travers un graphique ou sur un calendrier à tiquer, tenez le journal de tous vos succès ! Observez et valorisez toutes vos actions qui créent une amélioration progressive, constante, vérifiable et notable de votre situation.

Vous pouvez aussi vous servir de ce journal pour y noter les affirmations positives qui soutiennent votre élan, les récompenses lorsque vous franchissez une étape importante ou toute autre information susceptible de vous aider à continuer.

Tenir un tel journal remplit une double fonction :

➜ Cela vous oblige à rechercher et admettre votre progrès pas à pas, valoriser et soutenir vos efforts.

➜ Quand vous êtes découragé par ce qui reste à faire et que vous perdez de vue vos accomplissements, vous pouvez relire votre journal pour avoir une perspective différente et un point de vue plus réaliste.

Récoltez les fruits de vos efforts et félicitez-vous ! Soutenez-vous : « C'est bon, cette partie est terminée, je continue. Je travaille bien, je m'améliore ! »

Patience + Persévérance = Récompense

En cas de rechute, pardonnez-vous, car les vieilles habitudes sont coriaces. Ce n'est pas la fin du monde, donc pas besoin de vous décourager. Donnez-vous le droit de réessayer plus d'une fois avant même d'envisager renoncer. Vous ne repartez pas à zéro, vous continuez votre cheminement, sachant d'avance qu'il y aura des moments de faiblesse puis de redressement, et que vous progressez tranquillement et sûrement vers l'atteinte de vos objectifs.

Rappelez-vous la fable *Le Lièvre et la Tortue* : si vous persévérez avec patience et indulgence envers vous-même, tôt ou tard vous passerez la ligne d'arrivée. La satisfaction viendra récompenser vos efforts.

« Si vous vous critiquez depuis des années
et que ça ne marche pas, essayez de vous encourager
et de vous féliciter et voyez ce que ça donne... »

Patrick Leroux

Accepter son propre rythme

En vous comparant systématiquement aux autres, vous risquez de créer des sentiments de dévalorisation et de frustration inutiles et nuisibles à votre niveau de performance. Comme le disait Henry David Thoreau : « Si nous allons à des vitesses différentes, c'est que nous n'écoutons pas tous le même tambour ».

Vivez au rythme de la musique que vous entendez, quelle que soit la mesure, et ne vous préoccupez pas de ce que les autres pensent ou disent. Pour vivre votre passion, il est crucial de rester indépendant des opinions positives et négatives d'autres personnes et de garder votre individualité. Donnez-vous la permission de swinguer, de zouker, de valser, à votre propre cadence !

« La liberté n'est pas l'absence d'engagement,
mais la capacité de choisir. »
Paulo Coelho

Aidez votre biologie

Planifiez vos tâches selon vos niveaux naturels d'énergie et de motivation, pas selon votre temps. Certaines périodes de la journée ont une meilleure valeur productive que d'autres. Elles diffèrent d'une personne à l'autre.

Êtes-vous du type « hirondelle », très actif le matin mais hors service en soirée ? Ou plutôt type « hibou », avec des débuts de journée difficiles mais des soirées productives ? D'autres encore sont plutôt du genre « chameau », avec deux périodes d'efficacité entrecoupées d'une pause vers le milieu de la journée.

Observez-vous, gardez une trace de ce qui marche le mieux pour vous et agissez en conséquence. Quel est votre moment optimal pour travailler ? Êtes-vous plutôt lève-tôt ou lève-tard, matinal ou nocturne ?

Attaquez les tâches difficiles et ardues quand vous avez le plus d'énergie mentale et physique pour le faire !

Besoin d'un break ?

Et si malgré tout vous n'arrêtez pas de regarder l'heure, si vous êtes en panne, en difficulté ou tout simplement submergé par le ras-le-bol, il est peut-être temps de faire une pause.

Parfois, tout ce dont vous avez besoin est de boire un verre d'eau, un thé ou un café, de faire quelques étirements ou exercices cardio, de vous mettre un peu d'eau froide sur la figure, vous aérer le corps et la tête et faire émerger l'énergie. Pour y retourner mieux !

Observez comment vous fonctionnez :

➜ Combien de temps durent vos périodes de productivité ?
➜ Prenez-vous des pauses ?
➜ Si oui, à quelle fréquence ?
➜ Où passez-vous vos pauses ?
➜ Tirez-vous vraiment le maximum de profit de vos périodes de non-travail ?

Procrastiner avant de s'y mettre

Pour certaines personnes, prendre une amorce avant de se lancer peut se révéler efficace. Par exemple, passer la matinée à faire ce qu'ils ont envie de faire, pour se mettre au travail dans un état de ressource et de repos en début d'après-midi. Si certaines distractions vous empêchent de travailler, il peut vous être utile de vous y adonner avant de vous mettre à la tâche, en vous donnant, bien sûr, un cadre de temps précis et réaliste, que vous respecterez.

Décharger la mule

Si vous n'avez pas assez d'énergie pour tout faire, peut-être êtes-vous trop chargé. Que cela vous plaise ou non, votre cerveau a une capacité limitée de volonté et de ressources. En tirant trop sur l'élastique, en vous mettant trop de pression, vous risquez de réduire votre efficacité dans toutes vos tâches et responsabilités.

Pouvez-vous diminuer vos engagements, trouver de l'aide ou déléguer ? À qui bénéficient vos engagements, à vous ou à d'autres ?

Respectez vos limites, priorisez, apprenez à faire des choix, à dire « non » à certaines sollicitations et « oui » à d'autres (notamment, à dire « non » aux autres pour dire « oui » à vous-même).

Se prendre au sérieux

Établissez un accord avec vous-même qui définit ce que vous voulez réussir, quelle sera votre récompense si vous réussissez ou votre sanction si vous abandonnez ou procrastinez. Promettez-vous de faire de votre mieux, tout en restant heureux et bienveillant à l'égard de vous-même. Le simple fait de décider de changer est déjà une ouverture vers autre chose.

Prenez-vous au sérieux et faites de cette décision une priorité, puis mettez cette priorité partout dans votre vie. Optimisez votre temps, utilisez vraiment tous les moments dont vous disposez pour vous mobiliser.

« Souris, fais de ton mieux, et surtout : n'oublie pas d'être heureux ! »

Christophe André

À plusieurs, on va plus loin !

Bien que la motivation et l'engagement soient des principes personnels, parfois vous avez besoin de l'aide et du soutien des autres. Pensez à informer des amis de vos objectifs, de manière à ce qu'ils viennent aux nouvelles de votre progression, qu'ils vous encouragent et vous donnent de l'élan pour poursuivre. Après tout, c'est bien plus amusant et efficace de partager ses progrès.

➜ Vous connaissez peut-être des personnes qui arrivent à faire en temps et en heure ce que vous procrastinez. Travaillez avec elles, cherchez à savoir comment elles s'y prennent.

➜ Globalement, nous avons pour habitude d'être plus disciplinés dans les travaux d'équipe. Si votre projet le permet, travaillez à plusieurs. Personne ne veut voir ses coéquipiers pénalisés par sa faute.

➜ C'est vrai, parfois on piétine et on perd un temps fou à essayer de tout faire seul. Être autonome ne signifie pas avoir la solution à tout ! Au contraire, c'est pouvoir admettre que l'on a besoin des autres et accepter de les solliciter. Le simple fait d'exposer une difficulté aide à mieux la comprendre et permet de trouver une solution. Ne restez pas seul !

➜ Entourez-vous des bonnes personnes. Il n'y a rien de plus toxique que la présence de gens négatifs. Fuyez-les à tout prix ! La prochaine fois que vous aurez les batteries à plat, passez du temps avec une personne positive et motivée. Son contact, son enthousiasme et son énergie déteindront sur vous.

JE PRENDS SOIN DE MOI

Il nous arrive de procrastiner en raison du manque de force physique et mentale, causé par une mauvaise hygiène de vie : sommeil trop court, régime alimentaire déséquilibré, emploi du temps trop chargé, manque d'exercice physique…

Beaucoup de personnes sous-estiment l'importance du niveau d'énergie dans leur degré de motivation. Notre style de vie impacte justement très fortement notre force physique et mentale et donc notre capacité à nous mettre en action.

Bien manger, faire du sport, dormir suffisamment : envisagez ce que vous pouvez faire pour adopter ces habitudes saines !

Manger sainement

Avoir une alimentation saine est essentiel à une bonne forme physique et mentale. Certains aliments donnent de l'énergie, d'autres en demandent. Il y a 2 500 ans, Hippocrate, père de la médecine, enseignait déjà : « Que ton aliment soit ta seule médecine ». Demandez-vous :

➜ Comment est mon niveau d'énergie ?
➜ Comment est-ce que je me sens dans mon corps ?
➜ Quelle tête a habituellement mon assiette ?
➜ Combien de fois par semaine est-ce que je mange du fastfood ?
➜ Que puis-je faire pour m'améliorer ?

Une mauvaise alimentation entraîne fatigue, stress, fringales, coups de barre, insomnies, perte de libido, transit perturbé, crampes, maux de ventre, maladies... Pas vraiment de quoi favoriser l'enthousiasme et l'action ! Faire attention à son régime alimentaire permet d'avoir un meilleur sommeil, une régulation du poids, du transit et de l'humeur, et bien sûr d'être productif dans ce que l'on fait.

La recette est simple : mangez peu, régulièrement, frais, bio, cru et cuit, complet, le tout avec plaisir ! Et bien sûr, n'oubliez pas d'hydrater votre organisme en buvant de l'eau tout au long de la journée, en petite quantité, et en évitant de boire pendant les repas.

Se bouger les fesses

L'exercice physique est bon pour votre vitalité, votre santé physique, votre acuité mentale, votre confiance en vous, votre capacité à gérer le stress, votre pouvoir de séduction, et plein d'autres choses encore ! Notre force physique va de pair avec notre force mentale, notre moral et un niveau d'énergie à toute épreuve.

Pas besoin de courir un marathon toutes les semaines. L'idée, c'est de vous trouver un moyen d'exercice accessible, que vous aimez et qui vous amuse. Ce sera plus facile de vous y tenir.

Fixez-vous des objectifs atteignables afin de ne pas vous décourager, et mettez la barre plus haut au fur et à mesure que vous gagnez en condition physique et confiance en vous. Il peut aussi être agréable de faire de l'exercice avec une autre personne dont vous appréciez la compagnie. Pour ceux qui n'ont pas la fibre sportive, optez pour les multiples opportunités qu'offre la vie courante de se bouger, comme prendre les escaliers au lieu de l'ascenseur, marcher plutôt que prendre la voiture, porter les courses, faire le ménage, jardiner, bricoler...

Demandez-vous : « À quelle fréquence, dans quelle forme, à quel moment, est-ce que je me bouge les fesses ? Quelles sont les activités physiques que j'aime pratiquer ? »

À vous de jouer !

Dormir comme un loir

Faire une bonne nuit de sommeil est primordiale pour être en forme tout au long de la journée. Il faut en général entre 6 et 8 heures de sommeil à un adulte pour récupérer totalement de sa journée de la veille. Plus que la quantité, c'est la qualité du sommeil qui importe.

Quelle est la qualité de votre sommeil ? Dormez-vous assez ? Comment vous préparez-vous à aller vous coucher ? Que faites-vous avant d'aller vous coucher ? Avez-vous du mal à vous lever le matin ? Quelle est votre stratégie pour vous lever le matin ? Combien de fois activez-vous le bouton « rappel » sur votre réveil ?

Pour améliorer la qualité de votre sommeil, assurez-vous que l'endroit où vous dormez est un lieu pour échapper au stress de la journée et que la température de cet endroit est fraîche (+/- 18°C). Mangez léger le soir et au moins 2 heures avant de vous coucher. Évitez les excitants comme l'alcool ou le tabac. Aussi, cultivez des habitudes : couchez-vous et levez-vous autant que possible à la même heure, et préparez votre organisme à dormir par des activités calmes, telles que la lecture, la musique douce, des exercices de relaxation, de sophrologie, de méditation...

La procrastination nocturne

Personnellement, dans mes périodes de rush, ce que je procrastine, c'est mon sommeil. Au lieu de me reposer pendant les 8 heures prescrites, je ne m'en accorde que 5 ou 6, voire encore moins… (pour rester cohérente, j'écris ces mots un lundi soir à 1h35 alors que je vais devoir mettre mon réveil à 6h30. Eh oui, je suis passionnée par ce projet !)

La procrastination à l'heure du coucher existe bel et bien, et peut être problématique. Si vous passez régulièrement vos nuits à faire autre chose que dormir ou vous reposer, vous laissant moins de 6 heures de sommeil, alors vous pouvez bien souffrir de procrastination nocturne.

Les chercheurs ont défini la procrastination nocturne comme le fait de « ne pas aller dormir à l'heure habituelle, alors qu'aucune perturbation extérieure n'empêche réellement de le faire ».

Les comportements sont multiples. Certains passent leur temps à sortir, d'autres préfèrent rester derrière un écran, le nez dans un bouquin, ou s'occuper de toute autre activité imaginable. Il s'agit principalement de repousser l'heure d'aller se coucher, même en ayant sommeil, de façon régulière. Les études laissent entendre que le problème n'est pas tant de ne pas vouloir dormir, mais plutôt de ne pas vouloir quitter d'autres activités.[5]

5. Selon une étude de Floor Kroese, professeur assistant de psychologie à l'Université d'Utrecht aux Pays-Bas, publiée dans la revue *Frontiers*.

Les chercheurs, en introduisant ce nouveau concept, permettent d'avoir une nouvelle approche qui pourrait améliorer la santé mentale et physique des personnes souffrant de troubles du sommeil. Car à force de trop peu dormir, notre organisme se déshabitue du sommeil, s'affaiblit et subit un risque augmenté de diabète, d'hypertension et d'autres maladies toutes aussi indésirables.

Pour ceux qui feraient partie des procrastinateurs nocturnes, régler ce problème pourrait être un sacré défi dont le point de départ est une véritable prise de conscience. **Dormir, c'est bien, mais encore faut-il aller se coucher !**

LE MOT
DE LA FIN

→ → →

La procrastination n'est pas de la paresse, puisqu'elle peut nous empêcher de dormir. C'est un comportement d'évitement de nos besoins profonds et durables qui, nourri et soutenu par certaines pensées et émotions, peut avoir des impacts lourds sur notre santé physique et psychique ou, si vous préférez, sur notre état de bien-être.

« Ce que l'on obtient en atteignant nos objectifs n'est pas aussi important que ce que l'on devient en les atteignant. »

Zig Ziglar

Ce qui distingue vraiment les « gagnants » des « perdants », c'est le passage à l'acte, un pas après l'autre, pour créer le mouvement physique. Si la plupart des gens ne réussissent pas dans la vie, ce n'est pas par manque d'information, mais plutôt par manque d'application de l'information. En d'autres termes, nous savons souvent très bien quoi faire mais nous ne le faisons pas. C'est aussi simple que cela. Le plus difficile est de débuter et de traverser la période initiale d'inconfort, jusqu'à ce que l'effort devienne plus confortable.

Comme le disais si justement Mark Twain : « On ne se débarrasse pas d'une habitude en la flanquant par la fenêtre ; il faut lui faire descendre l'escalier marche par marche. »

La solution est de choisir le bonheur, de vous faire confiance, de vous fixer des objectifs réalistes que vous pouvez réussir avec succès et de vivre dans le moment présent. Que pouvez-vous faire, ici et maintenant, pour avancer ?

La clé du succès est en vous.

Plan d'action pour arrêter de tout remettre à demain

LUNDI

Je commence ma semaine sous le signe de l'or-ga-ni-sa-tion !
Au bureau, je profite du moment café/thé du matin pour m'imprégner de ma *to do list* de la semaine (mise à jour le vendredi précédent). À la maison, je prends 10 minutes après le dîner pour noter les choses importantes à faire (chercher un lieu de vacances, fixer un moment pour recevoir des proches, etc.) et je place mon mémo bien en vue, sur la porte du réfrigérateur par exemple.

MARDI

Médecin, dentiste, radiographie, prise de sang : je consulte mon répertoire et passe les coups de téléphone pour prendre mes rendez-vous médicaux (ou ceux des enfants si j'en ai). Pour les spécialistes, mieux vaut s'y prendre à l'avance ! Si tout est déjà à jour, tant mieux !

MERCREDI

Faire du sport est bon pour la santé et le moral, c'est bien connu. Alors, si possible, j'intègre un créneau dans mon emploi du temps pour faire du sport, idéalement en milieu de semaine. Pour éviter de sécher le cours de zumba, l'initiation au yoga ou la séance de natation, je me trouve un partenaire de sport avec qui je pourrais progresser. Il est beaucoup plus facile de se motiver à bouger quand on est plusieurs.
Si je préfère le sport en solo, par exemple la course à pied, je me fixe des objectifs (que je peux communiquer à des connaissances qui procèdent de façon identique) ou je télécharge une application « coach » pour être motivé en temps réel.

JEUDI

Je consacre une demi-heure en fin de journée à mon administration perso. Je tri mes papiers et classe mes documents par thème (banque, travail, santé, scolarité), je prépare les éventuels courriers à poster et je paye les factures en attente.

VENDREDI

À la maison, le matin, je me lève 15 minutes plus tôt que d'habitude pour avoir le temps de ranger un peu, de lancer une machine, de nettoyer le lavabo de la salle de bain… afin de me sentir en week-end dès mon retour le soir-même.
Au travail, avant d'attaquer le week-end, je fais un petit coup de ménage sur mon bureau et dans ma boîte mail professionnelle, histoire de repartir sur de bonnes bases la semaine suivante. Je prends également un peu de temps pour mettre à jour ma *to do list* et avoir les idées bien claires.

SAMEDI

Ça y est, c'est le week-end ! Après une bonne grasse matinée et un petit-déjeuner équilibré et plein de vitamines, je prends un peu de temps pour faire le ménage. Une fois mes tâches ménagères effectuées, je peux alors pro-fi-ter de mon temps libre : me reposer, lire la suite de mon livre, regarder un film, m'adonner à mes loisirs, réfléchir à des projets futurs (vacances, sport, rencontres).

DIMANCHE

Je me récompense pour tous les objectifs que j'ai atteints dans la semaine (un bain moussant, une sortie au cinéma en amoureux, une promenade au parc, un café avec mon meilleur ami, etc.).
En fin de journée, je fais le point sur les habits que je vais porter dans la semaine afin de me sentir bien dans mes baskets et moins débordé.

BIBLIOGRAPHIE

Voici quelques-unes de mes sources d'inspirations sur la procrastination et ses remèdes :

Rhena Branch & Rob Willson, *L'Estime de soi pour les Nuls*, Éditions First, 2015

Philippe Gabilliet, *Éloge de l'optimisme*, Éditions Saint Simon, 2010

John Kehoe, *Mind Power into the 21st Century*, Éditions Zoetic, 1987

William Knaus, *End Procrastination Now*, Éditions McGraw-Hill, 2010

John Perry, *La Procrastination : L'Art de reporter au lendemain*, Éditions Autrement, 2012

Piers Steel, *The Procrastination Equation*, Éditions Harper, 2011

Richard Wiseman, *The Luck Factor*, Éditions Talk Books, 2003

Les articles de Joseph Ferrari parus dans *Psychologie Today*

Les bulletins du succès de Patrick Leroux CSP

Sans oublier les multiples sources disponibles sur le web.

INDEX

A

B

C

D

E

Remerciements

À Charlène Guinoiseau pour continuer à me témoigner sa confiance et m'avoir offert l'opportunité d'en apprendre tant sur la procrastination. À Joséphine Copete, Éric Denis, Marie-Rachel Jolivet, Patrick Fomethe, Kelly Merran, David Moisson, Didier Brun, Grégory Spriet, Isabelle Lecoq, Géraldine Dennys, Teddy Marie Luce et Liliane Clavel pour avoir partagé avec moi leurs expériences de procrastination. À mes deux fils Toby et Joey pour leur amour, leur enthousiasme et leur soutien à toute épreuve. À mes amis pour leur attention, leur patience et leurs encouragements. Et à mes enseignants et clients pour m'ouvrir la voie de l'apprentissage des autres et de moi-même. Je vous remercie tous chaleureusement !

Notes personnelles